Winfried Speitkamp

Der Rest ist für Sie!

Kleine Geschichte des Trinkgeldes

Philipp Reclam jun. Stuttgart

RECLAM TASCHENBUCH Nr. 20170

Umschlaggestaltung: büroecco!, Augsburg
Gesamtherstellung: Reclam, Ditzingen
Printed in Germany 2008

ISBN 978-3-15-020170-1

www.reclam.de

Inhalt

Einleitung[1]

In den Erinnerungen an seine Jugend berichtet der Schriftsteller Nicolaus Sombart beiläufig von einer Anekdote über den Fürsten Esterhazy. Der habe, als ihm zu Ohren kam, sein Sohn gehe »mit Trinkgeldern knauserig« um, diesen zu sich gerufen, einen Hundert-Gulden-Schein aus dem Portemonnaie genommen, angezündet und verbrennen lassen, begleitet von dem Kommentar: »Jetzt weißt du, welche Einstellung ein Esterhazy zu Geld zu haben hat.«[2] Esterhazy senior interessierte offenbar nicht, ob sein Sohn eine bestimmte Dienstleistung angemessen honoriert hatte. Trinkgeld zu geben war für ihn, den Großadligen der österreichisch-ungarischen Monarchie, in materieller Hinsicht nichts anderes als das Verbrennen von Geld. Der monetäre Wert und erst recht der Empfänger des Trinkgeldes spielten keine Rolle; Geld war in dieser Beziehung nur symbolisches Kapital, es offenbarte den Status des Besitzers. Daher ging es Esterhazy um die öffentliche Inszenierung, die Darstellung des eigenen Selbstverständnisses, die Vorführung eines Habitus. Trinkgeld zu geben war für ihn eine Frage der Ehre. Die Überreichung von Trinkgeld spielte sich vor den Augen von Zuschauern ab – und die hatten ja die Knauserigkeit des jungen Esterhazy moniert. Das war eine ideale Gelegenheit, den Umgang mit Geld vorzuführen.

Eine andere Perspektive wählte der amerikanische Schriftsteller und Sozialkritiker Upton Sinclair in seinem Großstadt-Roman

1 Für zuverlässige Hilfe, findige Recherche und sorgfältige Korrektur danke ich Tatjana Heid.

2 Nicolaus Sombart, *Jugend in Berlin 1933–1943. Ein Bericht*, München/Wien 1991, S. 77.

Wallstreet, der 1925 auf Deutsch erschien. Dort unterhält sich der Held, der Journalist Bates, über Politik, Wirtschaft und Moral im nordamerikanischen Osten:

> Bates sank in seinen Lehnstuhl zurück. [...] »Die Frauen werfen das Geld für Diamanten heraus, und die Männer zerreißen das Land in Stücke, um ihnen das Geld geben zu können. Es gibt Leute, die sagen, daß diese müßigen Reichen niemand schaden, als sich selbst; ich aber behaupte, daß sie, wohin auch immer sie kommen, eine Spur der Korruption zurücklassen, wie eine Schnecke den Schleim. Habe ich nicht recht, Herr Montague?« »Ja, sie haben vollkommen recht.« »Schauen Sie sich die Städte Neu-Englands an«, fuhr Bates fort. »Und die Leute, die dort wohnen. Alle energischen Elemente wanderten schon vor Jahren nach dem Westen aus; was übrig blieb, hat kein Rückgrat mehr. Man sieht es den Leuten an, sie haben kein Kinn; bemerkten auch Sie das? Wohin auch immer diese reiche Bande kommt, überall verwandelt sie die Männer in Hoteliers und Lakaien, die Mädchen in Kellnerinnen und Prostituierte.« »Sie gewöhnen sich an Trinkgelder«, warf der Marineoffizier ein. »Alles was sie besitzen, ist käuflich geworden«, sprach Bates.[3]

Auch Sinclair galt »Trinkgeld« als ein Symbol für das Verhältnis zum Geld und für eine soziale Praxis, auch bei ihm ging es um Ehre, aber er betrachtete weniger einen Habitus oder eine Selbststilisierung als vielmehr die Korruption. Trinkgeld erschien bei ihm als Chiffre für Entfremdung und Entwürdigung, für eine durch das Geld ausgelöste Zweiteilung der Gesellschaft in – symbolisch verstanden – Trinkgeldgeber und Trinkgeldempfänger. Im Kapitalismus war demnach alles zum Trinkgeld geworden, umgekehrt hatten sich die Empfänger angewöhnt, alles als Trinkgeld zu verstehen, und das hieß hier: sich selbst zu prostituieren. Sinclair

3 Upton Sinclair, *Wallstreet. Roman in zwei Teilen*, Tl. 1: *Die Metropole*, Berlin 1929, S. 320f.

griff damit eine den Zeitgenossen geläufige Deutung der Folgen des Trinkgeldes auf, um seine soziale Lehre klar zu machen. Esterhazy und Sinclair verstanden unter Trinkgeld mehr als eine kleine Geldzahlung für eine Dienstleistung oder Gefälligkeit. Sie fassten, jeder auf seine Art, den Begriff eher auf einer sozialmoralischen Ebene und sahen in ihm ein Sinnbild für den Charakter beziehungsweise die Dekadenz der Gesellschaft.

Trinkgeld ist, so formuliert der *Brockhaus* heute weit nüchterner, »das einem Arbeitnehmer oder sonstigem Dienstleistenden anlässlich einer Dienstleistung über die hierfür zu beanspruchende Vergütung hinaus freiwillig gewährte Entgelt«.[4] So einfach und selbstverständlich die Definition auch erscheint – in historischer Perspektive beginnen hier die Schwierigkeiten. Zwar ist der Begriff in der Vergangenheit immer wieder ähnlich definiert worden, etwa 1882 von dem Juristen Rudolf von Jhering,[5] doch haben andere Juristen die Freiwilligkeit gerade nicht als notwendige Bedingung anerkennen wollen, könne doch durchaus die Zahlung an sich, wenn auch nicht die Höhe, »ausdrücklich oder stillschweigend« vereinbart worden sein.[6] Bei dem Begriff »Trinkgeld« handelt es sich jedenfalls nicht um einen präzisen Rechtsbegriff, und in der umgangssprachlichen Verwendung ist immer wieder eine Fülle unterschiedlich gearteter Zahlungen als »Trinkgeld« bezeichnet worden. Gemeinsam war ihnen nach landläufigem Verständnis, dass sie eben nicht rechtlich einklagbar waren, sondern allenfalls durch Gewohnheit eine Art sittliche Verbindlichkeit angenommen hatten. Im Ideal stellt Trinkgeld also eine freiwillige, in der Regel im Nachhinein gezahlte Zusatzleistung dar, die auf die Arbeit des Empfängers eigentlich keinen Einfluss haben darf. Juristen, Psychologen und Ökonomen hat immer wieder beschäftigt, warum Menschen sich derart widersinnig verhalten. Denn es ist scheinbar kaum zu erklären, warum der rationale, nur auf den Eigennutz bedachte *homo oeconomicus* gegen

4 *Brockhaus. Enzyklopädie in 30 Bänden*, 21., völlig neu bearb. Aufl., Bd. 27, Leipzig/Mannheim 2006, S. 750.
5 v. Jhering (1882/1902) S. 16.
6 Weigert (1956) S. 79.

seine offenkundigen materiellen Interessen handelt. Warum wird Trinkgeld nach einer Dienstleistung selbst in einer sogenannten *One-shot*-Situation gegeben, also auch dann, wenn der Geber den Empfänger nie mehr wiedersehen wird? Im Gastgewerbe betrifft das, so sagt die Hotelbetriebswirtschaft, die Mehrzahl der Fälle. Trinkgelder werden auch und sogar in besonderem Maße auf Reisen und im Urlaub verteilt, und dies offenkundig ohne die Chance, daraus später einmal einen Vorteil zu ziehen, zum Beispiel um eine bessere Bedienung zu erhalten. Zumindest für neoklassische ökonomische Theorien muss das unverständlich, ja unmöglich erscheinen. Bislang konkurrieren drei Erklärungsalternativen: Basiert Trinkgeld auf einem tief verwurzelten Altruismus, einer besonders geschickten Form von Egoismus oder einer sozialen Norm? Alle drei Deutungen können indes denkbare Trinkgeldsituationen nicht schlüssig erklären.

Die Frage ist umso wichtiger, als Trinkgeld keine Marginalie ist. Zwar wird es in der betriebswirtschaftlichen Literatur, jedenfalls in Deutschland, kaum angesprochen, und in der Volkswirtschaftslehre taucht es erst gar nicht auf. In gesamtwirtschaftlichen Bilanzen oder Aufstellungen über das Bruttoinlandsprodukt findet man es nicht ausgewiesen. Aber es handelt sich eben nicht um ›Peanuts‹: In den USA, wo Trinkgeld im Gastgewerbe verbindlicher, aber formal immer noch freiwillig ist und sich im Schnitt auf knapp 15 Prozent, in vielen Fällen auf bis zu 20 Prozent eines Rechnungsbetrages beläuft, ist man sich dessen eher bewusst als in Deutschland. Für die USA hat man das jährliche Aufkommen an Trinkgeldern allein in Restaurants auf immerhin 21 Milliarden Dollar geschätzt. Hinzu kommen noch die in Hotels an Portier, Pagen, Zimmermädchen gezahlten Trinkgelder, die Trinkgelder an Handwerker und an Angestellte unterschiedlicher Dienstleistungsgewerbe, an Führer in Museen und auf Reisen, Jahresgratifikationen für Postboten oder Zeitungsausträger und schließlich Zahlungen für kleine Dienstleistungen oder Freundlichkeiten. Eine ganze Reihe von amerikanischen Ökonomen, Soziologen und Psychologen hat sich mit den Bedingungen und Hintergründen des Trinkgeldes beschäftigt, hat beispielsweise gefragt, ob persönliche Vorstellung oder Scherze des Kellners, ein ›Smiley‹ oder eine Sonne auf der Rechnung und dergleichen mehr die Großzügigkeit des Gebers erhöhen – was tatsächlich der Fall ist. In Europa ist das wissenschaftliche Interesse am Trinkgeld deutlich geringer, und dies gilt vor allem für Deutschland. Nur in Hoch-Zeiten öffentlicher Debatten über Sitte und Unsitte des Trinkgeldes wie in der Epoche des Deutschen Kaiserreichs, besonders um 1900, nahm die Zahl der wissenschaftlichen Veröffentlichungen zum Trinkgeld deutlich zu. Charakteristischerweise haben sich in Europa und namentlich Deutschland jedoch nicht Ökonomen, sondern Juristen mit der Angelegenheit beschäftigt. Vor allem in juristischen Dissertationen ist wiederholt erörtert worden, auf welcher Rechtsbasis Trinkgeld erwartet und gezahlt wird, ob Trinkgeld zum Beispiel in Hinsicht auf Steuern, Sozialversicherung und Pfändung zum regulären Einkommen gerechnet werden muss. Zudem ist in diesem Zusammenhang über die sittlich-moralische Wirkung der Trinkgeldpraxis auf beide Seiten, Empfänger wie Geber, geklagt worden. Im Übrigen aber ist das Trinkgeld in die Benimm-Fibeln und Reiseführer abgewandert. Dort wird detailliert erläutert, wann man wie viel zu geben hat, wie man es überreichen soll und welche Fehler es dabei zu vermeiden gilt. In einer Gesellschaft, in der die Auslandsreise zur Selbstverständlichkeit geworden ist und sich Kulturen durch Globalisierung angleichen, scheint umso mehr Wert auf – reale oder vermeintliche – kulturelle Differenzen wie ›Trinkgeldkulturen‹ gelegt zu werden. Der Reisende will auch im Ausland sicher auftreten und nicht – ob vor Landsleuten oder vor Einheimischen – als Banause wahrgenommen werden.

Auch die Vergabekriterien scheinen bei näherer Betrachtung nicht nur in internationaler Perspektive zu differieren, sondern darüber hinaus binnennational höchst widersprüchlich und rätselhaft zu sein. Vornehmlich wird Trinkgeld im Dienstleistungsgewerbe und namentlich im Hotel- und Gaststättenbereich gegeben. Aber nicht jeder bekommt es: Warum erhält es der Kellner, der Koch aber in der Regel nicht? Möglicherweise geht es um den direkten Kontakt zum Kunden. Aber warum bekommt dann das Zimmermädchen im

Hotel ein Trinkgeld, selbst wenn man es nicht zu Gesicht bekommt? Warum der Schiffssteward, aber nicht Stewardess und Steward im Flugzeug? Mit Art und Freundlichkeit der Bedienung mag im Einzelfall die Höhe zusammenhängen, aber nicht die Konvention. Warum erwartet es der Handwerksgeselle, der ins Haus kommt und muffig, rauchend und bei dröhnendem Radio eine Dusche installiert, aber nicht der Verkäufer im Baumarkt, der freundlich und ausführlich berät? Möglicherweise gibt es Parallelen zu einer anderen Verhaltensweise, dem Beifallspenden, das nicht mehr nur für besondere künstlerische Darbietungen oder Vorträge, sondern im Einzelfall auch für gelungene Dienstleistungen üblich geworden ist. So wird im Ferienflieger geklatscht, wenn der Pilot die Maschine aufgesetzt hat, im eher von Geschäftsleuten genutzten Linienflugzeug dagegen nicht. Steht das nur für Banausentum der Pauschaltouristen, oder muss man dahinter noch etwas anderes vermuten? Der Pilot wird nicht mehr als Fachmann, sondern als Künstler wahrgenommen, der eine kunstgerechte Landung vollführt – vielleicht aber auch nur als Dienstleister. Mittlerweile wird schon einmal in Gottesdiensten nach der Predigt Beifall gespendet. Die Verkündigung und Auslegung der biblischen Botschaft wird also als – mehr oder minder gelungene – Performance oder eben wieder als Dienstleistung wahrgenommen. Der Dichter Robert Gernhardt kommentierte das schon 1981 in seinem Gedicht »Weil's so schön war« mit dem Vers: »Paulus schrieb an die Apatschen: / Ihr sollt nicht nach der Predigt klatschen«.[7] Es ist jedenfalls keineswegs abwegig, dem Pfarrer nach dem Gottesdienst ein Trinkgeld zukommen zu lassen. Die unmittelbare Entlohnung von Lehrern und Pfarrern quasi durch Trinkgelder, jedenfalls durch in der Höhe nicht fixierte persönliche Zahlungen der Eltern und Kirchgänger war in der Frühen Neuzeit ohnehin die Regel, und noch um 1900 war es in manchen Gegenden Deutschlands nicht ungewöhnlich, dem Pastor für besondere Dienstleistungen, beispielsweise nach dem Konfirmandenunterricht, eine persönliche Geldgabe zu überreichen.[8]

Veränderungen in den nationalen Trinkgeldkonventionen hat

7 Robert Gernhardt, *Gesammelte Gedichte 1954–2004*, Frankfurt a. M. 2005, S. 88.
8 Poetzsch (1907) S. 384.

es also in der Geschichte durchaus gegeben. In deutschen Städten war es bis in die Zwischenkriegszeit hinein üblich, Schaffnern ein Trinkgeld zu geben. Heute gibt es in Straßenbahnen keine Schaffner mehr, das Ticket kauft man am Automaten an der Haltestelle und lässt es von Maschinen in der Bahn entwerten. Wenn Dienstleistungen von Automaten verrichtet werden, hat das Trinkgeld ausgedient. Automaten nehmen kein Trinkgeld, sie würden es erbarmungslos wieder ausspucken. Aber das Schaffnertrinkgeld war auch schon in der Zwischenkriegszeit umstritten, und gerade auslandserfahrene Reisende mochten sich mit den deutschen Trinkgeldzwängen nicht mehr arrangieren. Der Schriftsteller Kurt Tucholsky berichtete 1924 über eine Gabe an einen Straßenbahnschaffner in Paris, wo ein Schaffnertrinkgeld unbekannt war:

> In der Elektrischen, draußen im Südosten der Stadt, gab neulich eine dicke Frau mit vielen Markttaschen dem Schaffner eine Handvoll Kirschen – und niemand fand etwas dabei, es war die natürlichste Sache von der Welt. Und das war kein Trinkgeld oder seine Ersparnis – es war einfach Nettigkeit, die der Schaffner auch ganz richtig auffaßte: er freute sich, weil die Kirschen so schön rot waren, steckte sie ein, und alle Passagiere hätten sicherlich ebenso wie die dicke Frau gehandelt.[9]

Tucholsky beschreibt hier, warum die Gabe eben kein Trinkgeld war, sondern »eine Nettigkeit«, eine Aufmerksamkeit, über die man sich nicht wegen des materiellen Wertes freut, sondern wegen der Freundlichkeit an sich und wegen der schönen roten, reifen Kirschen. Was in Deutschland, wo der Schaffner Geld erwartete, eher eine Beleidigung gewesen wäre, war in Frankreich eine Anerkennung. Neben der Art des Geschenkes war es auch die Form der Übergabe – jenseits aller Peinlichkeit –, die der Gabe ihren Charakter verlieh. Tucholsky deutete damit implizit an, was in vielen Debatten über das Trinkgeld seit dem späten 19. Jahrhundert immer

9 Kurt Tucholsky, *Das menschliche Paris* [1924], in: K. T., *Schloss Gripsholm und anderswo*, Berlin 1956, S. 229–234, hier S. 231.

wieder moniert wurde: Trinkgeld grenze ab, und es sei demütigend für den Geber wie für den Empfänger, eines aufrechten Mannes nicht würdig. Durch die Pariser Kirschen wurde dagegen keine Abgrenzung vorgenommen, kein Status zugewiesen, vielmehr waren sie, daher das für Tucholsky Bemerkenswerte, quasi Anerkennung ohne Distanzierung, aber auch ohne unziemliche Annäherung.

Die Gabe an den Schaffner wurde zudem nicht als Bestechungsgeld missverstanden, obwohl doch die Grenzen zwischen Trinkgeld und Bestechung in der Praxis oft fließend sind. In der Tat wird der Begriff »Trinkgeld« immer wieder für Bestechungsgelder verwendet, zumal schon seit der Frühneuzeit ein gutes und geschickt verteiltes Trinkgeld als Voraussetzung für ordentliche, vor allem bevorzugte Bedienung galt. Diese Bedeutungsvariante hat sich über das 19. Jahrhundert hinaus bis heute erhalten. Bismarck benutzte den Begriff »Trinkgeld« in seinen *Gedanken und Erinnerungen*, wenn es um die Umschreibung von Bestechung ging, so etwa als er über die Zustände im preußischen Außenministerium bei seiner Ernennung zum Minister 1862 berichtete:

> Ich fand auch sonst Anlaß, Gewohnheiten, die in dem Auswärtigen Ministerium eingerissen waren, abzustellen. Der langjährige Portier des Dienstgebäudes, ein alter Trunkenbold, konnte als Beamter nicht ohne weitres entlassen werden. Ich brachte ihn dahin, den Abschied zu nehmen, durch die Drohung, ihn dafür zur Untersuchung zu ziehn, daß er mich »für Geld zeige«, indem er gegen Trinkgeld jedermann zu mir lasse. Seinen Protest brachte ich mit der Bemerkung zum Schweigen: »Haben Sie mir, als ich Gesandter war, nicht jederzeit [den Außenminister] Herrn von Manteuffel für einen Taler, und wenn das Verbot besonders streng war, für zwei Taler gezeigt?« Von meiner eigenen Dienerschaft wurde mir gelegentlich gemeldet, welche unverhältnismäßigen Trinkgelder [der Bankier] Levinstein an sie verschwendete […].[10]

10 [Otto von] Bismarck, *Gedanken und Erinnerungen. Die drei Bände in einem Bande. Vollständige Ausgabe*, Stuttgart/Berlin [1928], Bd. 1, Kap. 9, S. 206.

Bismarck verhehlte nicht, dass er sich selbst des Mittels bediente. »Trinkgeld« war hier eine Chiffre für ein System der Gefälligkeiten, der Korruption, dessen Motive offenkundig sind und dem sich keiner entzog, dessen Kontrolle Bismarck aber selbst in der Hand behalten wollte. Dabei nutzte er den Begriff der Trinkgelder in der Politik eher abfällig für unzureichende finanzielle Beeinflussungsversuche: »Durch Liebenswürdigkeiten und wirtschaftliche Trinkgelder für befreundete Mächte werden wir den Gefahren, die im Schoße der Zukunft liegen, nicht vorbeugen«, formulierte er im Blick auf die Schwierigkeit, »das deutsche Staatsschiff durch die Strömungen der Koalitionen zu steuern«.[11] Die Grenze zwischen Trinkgeld und Bestechung ist im Einzelfall freilich schwierig zu ziehen. Am ehesten wird sie dann deutlich, wenn das Bestechungsgeld eine unerlaubte Handlung belohnt oder zumindest in unerlaubter Weise unter Benachteiligung Dritter einen Vorteil, eine Handlung, Leistung oder Entscheidung erwirkt. Auch wer durch ein Trinkgeld im ausgebuchten Restaurant doch noch einen Tisch ergattert, hat vermutlich einen Konkurrenten ausgestochen. Unter bestimmten Bedingungen sind also Trinkgelder als Dank für eine Gefälligkeit und Trinkgelder als Bestechung nicht mehr voneinander zu unterscheiden. Zeitweise, so in der Schattenwirtschaft der DDR, konnte das geradezu zum System werden; darauf wird noch einzugehen sein.

Aber Trinkgeld im engeren Sinn, die nachträgliche Zusatzhonorierung einer Dienstleistung, erscheint eher als eine Art Geschenk: Es wird freiwillig gewährt, kann rechtlich nicht eingefordert werden und wird für etwas gegeben, das bereits bezahlt ist, für eine Dienstleistung. Doch die idealistische Definition des Geschenkes von Adorno in seinen *Minima Moralia* wird man nur schwer anwenden können:

> Der Verletzung des Tauschprinzips haftet etwas Widernatürliches und Unglaubwürdiges an […]. Wirkliches Schenken hatte sein Glück in der Imagination des Glücks des

11 Ebd., Bd. 2, Kap. 30, S. 542.

> Beschenkten. Es heißt wählen, Zeit aufwenden, aus seinem Weg gehen, den andern als Subjekt denken: das Gegenteil von Vergeßlichkeit.[12]

Beim Trinkgeld wird aber in der Regel nichts ausgewählt – oder höchstens die Höhe des Betrages –, und der andere wird wohl auch selten »als Subjekt« gedacht. Zudem ist das Trinkgeld, das macht seinen Zwitterzustand aus, notwendig an eine Leistung gebunden, in der Regel an eine schon erbrachte, möglicherweise auch an eine noch zu erbringende oder nur erwünschte. Dennoch ist es nicht einfach eine weitere Bezahlung, es geht nicht um den Abschluss eines Kaufgeschäftes, hier des Kaufs einer Dienstleistung. Zur Bezahlung von Trinkgeld verpflichtet allenfalls eine soziale oder kulturelle Norm, die aber kaum rechtsverbindlich gemacht werden kann. So könnte man Trinkgeld als Schenkung im Sinne von Paragraph 534 des Bürgerlichen Gesetzbuches verstehen, das heißt als eine Schenkung, durch die »einer sittlichen Pflicht oder einer auf den Anstand zu nehmenden Rücksicht entsprochen wird«.[13]

In dieser Perspektive ist Trinkgeld eher eine Gegengabe und fällt mithin unter die Gabentauschtheorien, die von Anthropologen und Kultursoziologen wie Marcel Mauss (schon 1925) aufgestellt und in jüngster Zeit mit dem Blick auf Stifter und Mäzene auch von Kulturhistorikern diskutiert worden sind.[14] Die Gabentauschtheorie hat versucht, die innere Logik des Stiftens und Spendens zu erfassen. Zwei Motivationsbündel wurden dabei in den Vordergrund gestellt: einerseits das Interesse, das Kalkül des Gebenden oder Stifters, der sich beispielsweise in der städtischen Gesellschaft etablieren, seinen Einfluss sichern wollte, und andererseits die moralische Norm, die Wirkmächtigkeit der gesell-

12 Theodor W. Adorno, »Umtausch nicht gestattet«, in: Th. W. A., *Minima Moralia. Reflexionen aus dem beschädigten Leben* [1951], Berlin / Frankfurt a. M. 2001, S. 64–66, Zitat S. 64.

13 Othmar Jauernig (Hrsg.), *Bürgerliches Gesetzbuch mit Allgemeinem Gleichbehandlungsgesetz (Auszug). Kommentar*, 12., neubearb. Aufl., München 2007, S. 667.

14 Wichtigste Texte der Debatte: Adloff/Mau (Hrsg., 2005); anregende Erweiterung: Pielhoff (2007) S. 11–20.

schaftlichen Werte, der sich der Einzelne nicht entziehen konnte und wollte. Trinkgeld ist freilich kein Mäzenatentum. Aber es beruht auf einem Austausch. Ein Dienst wird honoriert, dessen Bewertung nicht von der Quantität der bereits bezahlten Arbeit, sondern von der Qualität der zusätzlichen, schwer messbaren und daher auch nicht exakt in Geldlohn umzurechnenden Leistung abhängt: von der Hilfsbereitschaft des Portiers, der Umsicht und Freundlichkeit des Kellners, der Zuverlässigkeit des Zeitungsausträgers bei Wind und Wetter. Der Dienstleistende kann dafür nichts verbindlich erwarten, und doch fühlt sich der Empfänger der Leistung verpflichtet, eine Gegengabe zu überreichen, eben das Trinkgeld. Dieser Austausch funktioniert allerdings nicht einfach nach dem bloßen *Do-ut-des*-Prinzip, also nach ökonomischer Rationalität zwischen zwei egoistisch motivierten Partnern. Subjektive Kriterien und Emotionen spielen vielmehr ebenfalls eine Rolle. Welche das aber sind, wie sie entstehen und wohin sie führen, das soll im Folgenden aus historischer Perspektive erörtert werden. Angedeutet sei schon hier, dass die Praktiken rund ums Trinkgeld offenbar viel mit Status und Ehre zu tun haben, also mit dem Selbstbild des Gebenden, mit dem sozialen Rang, den er beansprucht und vermitteln will, mit der Achtung, die er erwartet, und auch mit Status und Ehre des Trinkgeldempfängers. Denn beim Trinkgeld geht es nicht allein um die materiellen Werte, die den Besitzer wechseln, auch die Form und damit die Symbolhaftigkeit der Übergabe spielen eine Rolle. Es geht also nicht nur darum, was, sondern auch wie es den Besitzer wechselt. Trinkgeldsitten werden deshalb mit tieferem Grund als Teil der Manieren verstanden und nicht in Geldanlage-Ratgebern, sondern in Benimm-Fibeln behandelt.

Historische Erklärungen des Phänomens sucht man allerdings vergeblich. Wirtschaftswissenschaftler, Soziologen und Psychologen aus dem angelsächsischen Raum haben sich zwar gerade im letzten Jahrzehnt wiederholt mit Motiven und Bedingungen des Trinkgeldzahlens beschäftigt,[15] aber zur Geschichte des Trinkgel-

15 Jüngste Überblicke: Gambetta (2006); Lynn (2006).

des findet man, abgesehen von einer materialreichen Studie zum amerikanischen Fall,[16] nur vage und widersprüchliche Vermutungen. Die deutsche Forschung kennt das Thema nicht. Neuere deutschsprachige Monographien über das Thema gibt es nicht. Ältere Arbeiten zur Wirtschafts-, Sozial- und Alltagsgeschichte übergehen das Problem, nur einige juristische Abhandlungen haben sich zwischen dem Kaiserreich und der frühen Bundesrepublik der Frage angenommen. Auch die jüngere Forschung zur Geschichte von Konsum, Ernährung und Alkoholismus, von Reisen, Tourismus und Massenkultur scheint das Thema nicht für erwähnenswert zu halten, obwohl es mit all diesen Bereichen sehr viel zu tun hat und in den einschlägigen Quellen ständig auftaucht. Benimm-Bücher und Reiseführer wurden bislang nicht systematisch untersucht, ihre praktischen Reisehinweise kaum in den Blick genommen, die darin enthaltenen Informationen über Erwartungen und Gebräuche in der Situation der Reise nicht genutzt. Und völlig übersehen wurde auch, dass Recht und Praxis des Trinkgeldgebens zugleich eine geschlechtergeschichtliche Dimension enthalten. Sie geben nämlich Einblick in die Geschichte von männlichen Gästen und weiblicher Bedienung, von Frauenausbeutung und Prostitution. Auf der Suche nach Informationen führen selbst »Google« und »Wikipedia«, die unentbehrlichen, fragwürdigen und gern verschwiegenen Helfer in der Arbeitskrise eines Forschers, nicht wirklich weiter. Nur in der Belletristik und in der Reiseliteratur stößt man beständig auf Trinkgeld, das freilich immer nur beiläufig erwähnt wird. Die Dokumentation von Literatur-Klassikern auf der »Gutenberg«-Internetseite verzeichnet unter dem Suchwort »Trinkgeld« immerhin 566 Treffer, darunter Romane, Reiseberichte und Satiren.[17] Doch ist das nur ein Bruchteil der Befunde, und die Umschreibungen und Andeutungen in der Literatur sowie die Grauzonen zwischen Trinkgeld und Bestechung werden damit ohnehin nicht erfasst.

Vielleicht ist Trinkgeld einfach zu selbstverständlich. Hin und wieder, sehr selten, wird in der deutschen Presse einmal gefragt,

16 Segrave (1998); s. a. Azar (2004).
17 http://gutenberg.spiegel.de (19. September 2007).

warum man es eigentlich gibt.[18] Im Übrigen aber wird Trinkgeld heute so beiläufig behandelt, wie es auch gezahlt wird, anders als eben in den USA, wo es noch höhere soziale Verbindlichkeit hat und als beständige Herausforderung ökonomisch rationalen Verhaltens des Einzelnen erörtert wird. Eine Geschichte des Trinkgeldes muss sich insofern nicht nur damit beschäftigen, wann und warum es gezahlt worden ist, welche sozialen Beziehungen und Prozesse dahinterstanden, sondern ebenso einbeziehen, wer sich warum damit auseinandergesetzt hat, wie es gedeutet worden ist, welche kulturellen Dispositionen und Werte sich darin spiegeln. Eine Geschichte des Trinkgeldes ist somit immer eine Sozial- und Kulturgeschichte und dabei zugleich eine Geschichte der Praktiken und der Diskurse, und sie muss im Zeitalter des internationalen Reiseverkehrs, des globalen Austausches von Personen, Waren und Werten zugleich eine transnationale Geschichte sein. Neben der deutschen Entwicklung, die im Folgenden im Mittelpunkt steht, geht der Blick daher immer wieder zu anderen europäischen Staaten und besonders nach Nordamerika. In zeitlicher Hinsicht ergibt sich die Schwerpunktsetzung aus der Sache: Der erste Teil zeichnet Vorgeschichte und Entstehung der modernen Trinkgeldsitten bis in die zweite Hälfte des 19. Jahrhunderts nach. Im zweiten Teil geht es um die Debatten der Zeit um 1900, die deutlich machen, dass Trinkgeld vor allem ein Phänomen der – vermeintlich so rationalen – Moderne ist, und zwar ein erstaunlich langlebiges, das im 20. Jahrhundert viele scharfe Zäsuren überlebt und unterschiedliche politische Systeme überstanden hat und dem man selbst durch Trinkgeldverbote nicht beikommen konnte. Das erörtert der dritte Teil, der den Kämpfen gegen das Trinkgeld in Sozialstaat und Diktatur des 20. Jahrhunderts gewidmet ist, bevor der vierte Teil die Globalisierung des Trinkgeldes

18 Jürgen Kaube, »Theorien des Trinkgeldgebens«, in: *Frankfurter Allgemeine Sonntagszeitung*, 12. November 2006, S. 76; Hanno Beck, »Zahlen, bitte! Ein alltäglicher Vorgang, ein ökonomisches Problem: Warum geben wir Trinkgelder?«, in: *Frankfurter Allgemeine Sonntagszeitung*, 13. Mai 2007, S. 22; Michael Allmaier, »Stimmt so. Wie viel Trinkgeld soll man geben? Und vor allem: Wem?«, in: *Die Zeit*, Nr. 43, 9. Oktober 2003; Jens Tönnesmann, »Was ist eigentlich Trinkgeld?«, in: *Brand Eins* 9 (2007), H. 2, S. 136f.

und damit die Kapitulation des Konsumenten und Gastes vor den transnationalen Trinkgelderwartungen darstellt. Das Schlusswort versucht auf den Punkt zu bringen, welche Funktionen Trinkgeld in der Gesellschaft hat. Wieweit die Deutung Akzeptanz findet, bleibt den Leserinnen und Lesern überlassen. Insofern gilt auch hier: »Der Rest ist für Sie!«

»Über den Umgang mit Geringern«
Trinkgeld bis zum Ausgang des 19. Jahrhunderts

Auf dem deutschen Buchmarkt sind heute über 650 Lebensratgeber und Benimm-Bücher erhältlich, die sich mit dem Namen »Knigge« schmücken. Es gibt »Knigges« für Eltern und für Kinder, für Männer und für Frauen – auch für »freche Frauen« und für »Schlampen« –, für Manager und für Handwerker, für Hundehalter und für Katzenliebhaber, es gibt »Japan-« und »China-Knigges«, »Wein-Knigges« und »Sex-Knigges«, einen »Öko-Knigge« ebenso wie einen »Klima-Knigge«. Mehrere davon sind sogar von Autoren namens Knigge verfasst, Nachfahren jenes Adolph Freiherrn von Knigge, der den neuen »Knigges« seinen Namen gegeben hat. Der berühmte Urahn selbst hat allerdings keinen »Knigge« veröffentlicht. Er schrieb *Über den Umgang mit Menschen*. Sein Buch, das 1788 erstmals erschien und zahlreiche Neuauflagen erlebte, hat mit den heutigen Ratgebern kaum noch etwas zu tun. Knigge hatte weniger im Sinn, seinen Lesern Verhaltensanweisungen für unbekannte gesellschaftliche Situationen zu geben. Ihm ging es vielmehr um den »esprit de conduite«, nicht um Regeln, sondern um eine Fähigkeit, eine Kunst, eben um »die Kunst des Umgangs mit Menschen«.[19] Das betraf zwar auch die Formen des Benehmens. Denn in keinem Land Europas, so Knigge, sei es so schwer, sich in Gesellschaft korrekt zu verhalten, wie in Deutschland. Knigge führte das auf die historisch-kulturelle Vielfalt zurück, zum Beispiel auf die Verschiedenheit der Erziehungsformen und religiösen Prägungen, und auf den Mangel einer nationalen Kultur und patriotischen Gemeinsamkeit. Vor al-

19 Knigge (2007 [u. ö.]) S. 14.

lem aber ging es Knigge um Verständigung und Verstehen auch unter Menschen unterschiedlichen Standes. Er würzte seine Darstellung mit Anekdoten, die ihren Witz aus dem Anachronismus der misslungenen Kommunikation bezogen. Da ging es um den Landadligen, der nach langen Jahren wieder einmal bei Hof erschien, oder um den Hofmann, der auf dem Land in eine Gesellschaft von Beamten geraten war. Derartige Geschichten zeigten, wie notwendig es »für jeden« war, »der in der Welt mit Menschen leben will, die Kunst zu studieren, sich nach Sitten, Ton und Stimmung andrer zu fügen«.[20] Dabei verstand Knigge sein Buch als Erfahrungsbericht über die Jahre, »in welchen ich mich unter Menschen aller Arten und Stände umhertreiben lassen und oft in der Stille beobachtet habe«.[21]

Was Knigge beobachtete, war eine Gesellschaft des Übergangs. Sein Buch erschien ein Jahr vor Ausbruch der Französischen Revolution, die die Welt der höfisch-feudalen Kultur in den Grundfesten erschüttern sollte. Knigge selbst war ein Mann des Übergangs. Geboren 1752 in Bredenbeck bei Deister in eine alteingesessene Familie der Calenbergischen Ritterschaft, genoss er eine standesgemäße Unterweisung in adligen Lebens- und Umgangsformen. Der frühe Tod der Eltern führte zum Verlust der verschuldeten Familiengüter. Nur notdürftig alimentiert, studierte Knigge in Göttingen Jura, seit 1777 arbeitete er als Kammerherr in Sachsen-Weimar. Von 1780 bis 1784 war er Mitglied des radikal-aufklärerischen Illuminatenordens. Neben seinem bekanntesten Werk verfasste er eine Reihe von weiteren Schriften, Romanen und Theaterstücken. Knigge, der Adlige, schlug somit eine bürgerliche Karriere ein. Und letztlich zielte er auch in seinem Werk *Über den Umgang mit Menschen* auf die menschliche Existenz in der bürgerlichen Gesellschaft, auf die Selbsterkenntnis des Menschen, genauer: des Mannes, als bürgerliches Individuum. Ein eigenes Kapitel – ein kurzes zwar, aber immerhin das zweite des Buches – war dem »Umgang mit sich selbst« gewidmet. Knigge rief hier dazu auf, »vorsichtig, redlich, fein und ge-

20 Ebd., S. 23.
21 Ebd., S. 15.

Adolph Freiherr von Knigge, 1794

recht« mit sich selbst umzugehen.[22] Erst aus der Selbstachtung folgte demnach die Fähigkeit, mit anderen Menschen angemessen zu kommunizieren, Menschen anderen, auch niedrigeren Standes vernunftgemäß und anständig zu behandeln.

Besonderes Augenmerk richtete Knigge daher auf den Umgang mit Dienern und »Geringern«.[23] Die Ursache des schweren Schicksals der zum Dienst Bestimmten, ihrer niederen Sitten und Verhaltensweisen sah Knigge »weniger in den natürlichen Anlagen, als in der Art der Erziehung und in unsern durch Luxus und Despotismus verderbten Zeiten«.[24] Als Aufklärer vertraute Knigge auf die Macht von Bildung und Erziehung. Doch an der Hierarchie wollte er nicht rütteln. Achtung und Distanz sollten nach Knigge die Verhaltensweisen des Herrn ausmachen. Sosehr er also »einen freundlichen, liebreichen Umgang mit seinen Bedienten«[25] als Menschen empfahl, so sehr riet er doch davon ab, sich Blößen gegenüber Bedienten und Menschen niedrigen Standes zu geben. Das hergebrachte, auch von Knigge romantisierte enge Verhältnis zwischen Hausvater und Gesinde, die patriarchalische Fürsorge, sei nun vorbei, ersetzt durch eine »lose, auf ungewisse Zeit geknüpfte Verbindung«, also durch den Dienstboten als Lohnarbeiter. Das bedrohe die gegenseitige Achtung, denn »der Herr sucht den Mietling recht wohlfeil zu bekommen«.[26] Demgegenüber appellierte Knigge an die Verantwortung der Dienstherren, durch Anleitung und Erziehung Verantwortung für das Gesinde zu übernehmen, aus eigenem, aufgeklärtem Antrieb, »aus Liebe zum Guten«, aus dem Glauben an die Verbesserungsfähigkeit von Gesellschaft und Mensch.

Von Trinkgeldern sprach Knigge an dieser Stelle nicht. Anders als heutige Benimm-Bücher, die über Höhe und Form der Überreichung von Trinkgeld in unterschiedlichen Kulturen und Situationen berichten, streifte Knigge das Trinkgeld überhaupt

22 Ebd., S. 81–85, Zitat S. 82.
23 Ebd., S. 230–238, 320–324 (Kap. »Über den Umgang mit Geringern«).
24 Ebd., S. 230.
25 Ebd., S. 232.
26 Ebd., S. 234.

nur am Rande. Geprägt von vielfältigen, auch negativen Reiseerfahrungen, schilderte er allerlei Probleme im Umgang mit betrügerischen Wirten, Kutschern oder Postmeistern unterwegs. Hierbei erwähnte er als nützliche Praxis, den Postillionen »reichliche Trinkgelder« zu geben: »Sie sagen sich das einer dem andern auf den Stationen wieder; man kömmt dann schneller fort und hat manche Vorteile davon.« Überhaupt empfahl er, Unannehmlichkeiten durch »ein gutes Trinkgeld« aus dem Weg zu räumen.[27] Moralisch bewertete Knigge dieses Verfahren freilich nicht. Weder erwog er, ob ein solch instrumentelles Verhalten in Widerspruch zu seinen Normen des Umgangs mit Menschen geriet, noch erörterte er Ausmaß und Legitimität dieser Praxis. Sie erschien ihm selbstverständlich. Tatsächlich konstatierte und bedauerte Knigge den Übergang von einer feudal-patriarchalischen Gesellschaft mit einer durch gegenseitige Verantwortung gestifteten Bindung zwischen Herrn und Diener zu einer monetär-kalten Dienstleistungsgesellschaft, in welcher der Diener nur noch als »Mietling« erschien. Doch betrachtete er diesen Prozess vom Dienstherrn aus, der gewissermaßen als Souverän über das eingesetzte Trinkgeld erschien. Dabei beschrieb er unwillentlich einen Wandlungsprozess, in dem das Trinkgeld eine nicht unwesentliche Rolle spielte. Dass auch der Diener die Möglichkeit erhielt, mit Hilfe des Trinkgeldes seine Position beständig neu auszuhandeln, und nicht mehr bloß Diener war, sondern ebenfalls als bürgerlich handelndes Individuum auftrat, begriff der adlige Bürger Knigge noch nicht.

Dieser Prozess des Übergangs war im 18. Jahrhundert bereits weit fortgeschritten. Gerade Trinkgelder machten deutlich, wie brüchig die Sicherheit der Standesexistenz geworden war. Im Grunde standen sie schon immer für die Offenheiten und Ambivalenzen der Gesellschaft. Beim Trinkgeld trafen unterschiedliche Schichten aufeinander, wurden Interessen verhandelt und gesellschaftliche Rangstufen gegen Geld aufgewogen. Doch das ganze Ausmaß der Problematik zeigte sich erst in der bürgerlichen

27 Ebd., S. 275, 279.

Gesellschaft der Moderne. Insofern hat der Satiriker Ephraim Kishon sicher übertrieben, als er die Wurzel des Übels gleich bei »Erschaffung der Welt« meinte feststellen zu können, hätten doch wahrscheinlich »schon Adam und Eva der Schlange eine Kleinigkeit zugesteckt, zum Dank dafür, daß sie ihnen den richtigen Baum gezeigt hat«.[28] Solange Wirtschaft und Dienstleistungen wesentlich auf Sklaven, Leibeigenen oder Fronpflichtigen basierten, blieben Trinkgelder im Sinne des späteren Verständnisses eher eine marginale Erscheinung. Allerdings dürften im Beherbergungs- und Gastgewerbe auch in der Antike Trinkgelder gezahlt worden sein. Gastwirte hatten im antiken Rom keinen guten Ruf. In den Herbergen, Restaurants, Tavernen und Weinstuben trafen sich Handwerker, Kleinhändler, Sklaven sowie Erwerbs- und Wohnungslose. Nur an bestimmten Routen kamen auch einmal Reisende aus höheren Ständen dazu, die auf eine Unterkunft angewiesen waren. Jedenfalls bot die Gastwirtschaft, zumal in der Situation der Reise, Möglichkeiten zur Inanspruchnahme besonderer Dienstleistungen: Ein aus dem Italien der römischen Kaiserzeit überlieferter Grabstein zeigt auf einem Relief einen Gast, der, sein Maultier am Zügel, das Wirtshaus verlässt. Die Inschrift lautet:

> Gast: »Wirtin, wir wollen abrechnen.« Wirtin: »Einen Sextarius (ungefähr ½ Liter) Wein. Brot – 1 As. Zukost – 2 As.« Gast: »Gut.« Wirtin: »Das Mädchen – 8 As.« Gast: »Das ist auch in Ordnung.« Wirtin: »Heu für das Maultier – 2 As.« Gast: »Ach, dieses Maultier wird noch mein Ruin«.[29]

Das weibliche Personal wurde für seine Dienste zusätzlich entlohnt, und das war hier der größte Posten der Rechnung. Für

28 Ephraim Kishon, »Das Trinkgeld-Problem«, in: *Kishons beste Reisegeschichten*, Frankfurt a. M. 1983, S. 14–18, hier S. 14. – Den Hinweis verdanke ich Rainer Liedtke.

29 Kleberg (1963) S. 20, 28, 30, 32, 37 (Inschriftzitat) u. ö. Der As, ursprünglich eine Gewichtseinheit, war eine alte römische Münze. – Für den Literaturhinweis danke ich Hans-Ulrich Wiemer.

den Gast war das selbstverständlich, die Kosten des Maultieres schmerzten ihn mehr. Es war durchaus nicht ungewöhnlich, so deuten mehrere Belege der Antike an, dass die weibliche Bedienung zugleich ihre Dienste als Prostituierte anbot.[30] Auch noch für das Mittelalter und die Neuzeit finden sich immer wieder Berichte, dass in Gasthäusern die weiblichen Dienstboten den Gästen gegen Geld zur Verfügung standen. Im Berlin des späteren 18. Jahrhunderts, so hieß es in zeitgenössischen Berichten, bot der Wirt dem Gast »ohne weiteres ein Mädchen« an; »jeder Kellner in einem Wirtshaus und fast jeder Wirt selbst kuppelt«, es gebe sogar »einige Ärzte, welche sich damit abgeben«. Außerdem sei dort »ein Adreßkomptoir für Dienstmägde, welches die frische Ware sowohl in die Privathäuser als auch für die öffentlichen Magazine liefert«.[31] Für bayerische Gasthöfe des 18. Jahrhunderts berichtete man Ähnliches. Nur konnte es da schon einmal passieren, »daß das eine Mädchen den Fremden nach seiner Konfession fragt. Denn mit einem Ketzer wolle sie nichts zu schaffen haben«.[32] Die Verbindung von Gasthaus, Trinkgeldern und Prostitution wurde geradezu zum Topos – und um 1900 sogar zu einem zentralen Argument im Kampf gegen das Trinkgeld. Epochenübergreifend galt das Gasthaus – oder eine bestimmte Spielart davon – immer wieder als Hort des Lasters. Hier trafen sich demnach fragwürdige Gestalten, Trinkgelder wurden gegen Gefälligkeiten getauscht, ephemere Kontakte bahnten sich an und lösten sich auf. Obrigkeit und höhere Stände standen vor einer fremdartigen Kultur, in die selbst ihre Vertreter durch Versuchung hineingezogen zu werden drohten, wenn sie sich zu sehr damit beschäftigten.

Auch manche anderen Dienstleistungen, zum Beispiel die Überbringung von Botschaften, wurden in Antike, Mittelalter

30 Tönnes Kleberg, *Hôtels, restaurants et cabarets dans l'antiquité romaine. Études historiques et philologiques*, Uppsala 1957, S. 89.

31 Johann Kaspar Riesbeck, *Briefe eines reisenden Franzosen über Deutschland an seinen Bruder zu Paris*, Stuttgart 1967 [Erstausg. Zürich 1783], S. 227. Der Autor der fiktiven Briefe war in Wirklichkeit Deutscher.

32 Rauers (1941) Tl. 1, S. 439.

und Neuzeit mit Trinkgeldern oder Botengeldern, im Mittelalter auch *botenbrôt* genannt, zusätzlich honoriert.[33] Im Nibelungenlied, das um 1200 entstanden ist, verlangt Siegfried, der von König Gunther als Bote nach Worms geschickt worden ist, bei seiner Ankunft von Kriemhild ein solches *botenbrôt*. Kriemhild will ihm zunächst nichts geben, weil er ja wohlhabend genug sei, und ihm stattdessen »auf immer gewogen sein«. Siegfried bleibt aber im galanten Rollenspiel und besteht auf seiner Gabe, erhält schließlich 24 mit Steinen besetzte Armreifen – und schenkt sie zum Beweis seiner königlichen Freigebigkeit umgehend weiter an Kriemhilds Gesinde.[34] Überdies sind regelmäßige Forderungen von zusätzlichen, quasi-freiwilligen, jedenfalls nicht formal legitimierten Zahlungen an Amtsträger wiederum für alle vormodernen Epochen bezeugt. Schon im römischen Reich wurde es spätestens seit Diokletian, im ausgehenden dritten Jahrhundert unserer Zeitrechnung, üblich, Amtsträgern besondere Gaben, sogenannte Sporteln, für ihre Dienstgeschäfte zu überreichen. Auch Geschenke für geleistete und bereits bezahlte Dienste waren in der späteren Antike üblich. Im Mittelalter verlangte selbst die päpstliche Kanzlei ein Zusatzhonorar: Bei der *expeditio*, der Erstellung einer Urkunde in der Kanzlei, waren vier bis fünf reguläre Taxen zu leisten und daneben offenbar zahlreiche sogenannte »Trinkgelder« zu zahlen.[35]

Im Mittelalter gab es jedenfalls, wie zu allen Zeiten, Situationen, in denen es empfehlenswert war, sich mit Hilfe von Aufmerksamkeiten und Zahlungen das Leben zu erleichtern – und dies selbst dann, wenn es zu Ende ging: Unter der Folter, dem Tode geweiht, steckte man, wenn möglich, dem Henker noch ein Trinkgeld zu, damit die Martern abgemildert und die Wund-

33 Otto Lauffer, »Der laufende Bote im Nachrichtenwesen der früheren Jahrhunderte. Sein Amt, seine Ausstattung und seine Dienstleistungen«, in: *Beiträge zur deutschen Volks- und Altertumskunde* 1 (1954) S. 35.

34 *Das Nibelungenlied*, mhd./nhd., hrsg. von Siegfried Grosse, Stuttgart 1997 [u. ö.], 9. Aventiure, Str. 553 ff.

35 *Lexikon des Mittelalters*, Bd. 3, München/Zürich 1986, Sp. 183; Bd. 5, ebd. 1991, Sp. 924; Bd. 8, ebd. 1997, Sp. 515, 1303. – Für Hinweise danke ich Martin Huscher.

schmerzen durch Salben gelindert wurden. Für den Henker war das ein Teil seiner regelmäßigen Einkünfte.[36] Ob in der päpstlichen Kanzlei oder in der Folterkammer: Das, was hier als Trinkgeld bezeichnet wird, war nach modernem Verständnis in erster Linie Bestechung, die freilich sehr berechenbar funktionierte und formalisiert werden konnte. Das gilt auch für das frühneuzeitliche Sportelwesen. Amtsträgern, namentlich in Gerichten, standen gewisse Abgaben zu, die teils sachlichen (»Stempel«), teils personalen Bezug hatten. Im letzteren Fall fungierten die Sporteln als Gehalt, die Stelle war quasi eine Pfründe, und das Interesse des Gerichtsinhabers musste es sein, durch viele Verfahren und Gebühren möglichst hohe Einnahmen zu erzielen. Immer höhere Beträge wurden derart aus den Gerichtsunterworfenen herausgepresst, und die Grenzen zwischen Gebühren und Bestechungsgeldern blieben fließend. Erst die aufgeklärten Justizreformen, so in Preußen Mitte des 18. Jahrhunderts unter Samuel Freiherr von Cocceji, leiteten das Ende der von den Zeitgenossen viel kritisierten Sportelpraxis ein; die Richter wurden nun mit einem festen Gehalt ausgestattet. Noch im frühen 19. Jahrhundert allerdings mussten in manchen deutschen Staaten wie im Kurfürstentum Hessen Sporteln an Justizamtleute und Richter gezahlt werden. Auch im Frankreich des Ancien Régime erhielten die Richter von den Prozessparteien sportelartige Gaben, die *épices* (Gewürze) genannt wurden. Anfangs handelte es sich also noch um wertvolle Kolonialwaren, die zum Dank übergeben wurden. Später wurde daraus eine regelmäßig zu leistende, wenn auch formal noch umstrittene Abgabe. Die Französische Revolution beendete diese Praxis: Der französische »Code pénal«, das Strafgesetzbuch von 1810, untersagte die *épices*.[37]

Mit der Etablierung des modernen, rationalen, kalkulierbaren und rechtsstaatlich geordneten Verwaltungsstaates gingen also personale Zahlungen an Beamte zurück. Eine Zäsur in der Trinkgeldpraxis bedeutete die Französische Revolution aber nicht. Denn zu diesem Zeitpunkt waren Trinkgelder im engeren Sinn, die,

36 Mazuyer (1947) S. 14.
37 Mazoires (1931) S. 12–16.

anders als Sporteln, von Höherrangigen für bestimmte Dienstleistungen an Niederrangige über den Lohn hinaus gezahlt wurden, längst üblich. Auch in der Literatur der Frühen Neuzeit, bis hin zu den Tagebüchern von Samuel Pepys aus dem 17. Jahrhundert, der »reichlich Trinkgelder an die Bediensteten« verteilte,[38] finden sich zahlreiche Belege über die Selbstverständlichkeit von Trinkgeldern. Über begriffliche Äquivalente verfügen seit dieser Zeit kulturübergreifend wohl die meisten Sprachen, von den skandinavischen Sprachen (dän.: *drikkepene*, norweg.: *drikkepenger*, schwed.: *dricks/drickspengar*) über das Niederländische (*fooi, fooitje*) und Französische (*pourboire*) bis zu den südeuropäischen Sprachen (ital.: *la mancia*, portug.: *gorgeta*, span.: *propina*). Oftmals, wie im Deutschen, Französischen und Spanischen sowie in den skandinavischen Sprachen, verweist der Begriff auf den Zweck des Trinkens. Manchmal, wie im Französischen, steht wohl dahinter, dass tatsächlich anfangs Wein (daher eine ältere französische Bezeichnung für Trinkgeld: *pots de vin*) als Dank für eine Dienstleistung gereicht wurde.[39] Oder es wurde zumindest ein Geldbetrag mit dem ausdrücklichen Sinn des Vertrinkens gezahlt. Im Italienischen war im 19. Jahrhundert von der »guten, milden Hand« (*la buonamano*) die Rede.[40] Auch in außereuropäischen Kulturen wie in China fand die Sache Eingang in den Sprachgebrauch. Manchmal umspannten die Begriffe die Bedeutungen von Geschenk, Almosen, Trinkgeld und Bestechung gleichermaßen, wie im Verständnis des aus dem Persischen später in viele Sprachen bis hin zum Deutschen eingegangenen *Bakschisch*.

Die Ursprünge des neuzeitlichen Trinkgeldes im engeren Sinn sind freilich unklar, und trotz der Parallelen in Befunden und Begrifflichkeiten werden je nach Land und Kultur unterschiedliche Erklärungen angeboten. Offenbar kamen mehrere Phänomene zusammen. Im Deutschen ist der Begriff »Trinkgeld« (auch »Trankgeld«, »Trunkgeld«) seit dem 14. Jahrhundert bezeugt. Verschiede-

38 Siehe etwa Samuel Pepys, *Die geheimen Tagebücher*, hrsg. von Volker Kriegel und Roger Willemsen, Frankfurt a. M. 2004, S. 211 (2. Januar 1665).

39 Vgl. Mazoires (1931) S. 12; Reverdy (1930) S. 13.

40 Kleinpaul (1898) S. 11.

ne Bedeutungen standen aber lange noch nebeneinander: das Trinkgeld als Tranksteuer oder Getränkesteuer, das Trinkgeld als »Zechgelde« oder »Zeche«, das Trinkgeld als Betrag, der bei einem Vertragsabschluss vertrunken wurde, das heißt als »Weinkauf«, seit dem 15. Jahrhundert das Trinkgeld auch als fester Lohnzuschlag oder zumindest als zu bestimmten Gelegenheiten geforderter Aufschlag auf die Gesellenlöhne, ferner das Trinkgeld als Bezeichnung für Geschenke zu Weihnachten und Neujahr an den Lehrer, wie in Schulordnungen des 15. bis 18. Jahrhunderts mehrfach erwähnt. Unterschiedliche Formen von Gratifikationen tauchen insofern unter dem Begriff des »Trinkgeldes« auf. Bereits in der späteren Frühneuzeit wurde der Begriff auch für kleinere, relativ unbedeutende Geldleistungen gebraucht, dann zudem für Formen pekuniärer oder anderer Wohltaten gegenüber denen, die man sich gewogen halten wollte, bis hin zur offenen Bestechung.[41]

Johann Heinrich Zedlers *Großes vollständiges Universal-Lexikon Aller Wissenschaften und Künste,* die erste deutsche Universal-Enzyklopädie, enthielt im 45. Band aus dem Jahr 1745 bereits einen Artikel über »Trinckgeld«, das hier als »dasjenige Geld« definiert wurde, »welches man den Dienstboten, Tagelöhnern, Handwercks- und andern Arbeits-Leuten über ihr ordentliches Lohn« für einen »geleisteten Dienst« »verehret«.[42] Recht detailliert wurde hier auch erörtert, welche Handwerker rechtmäßig oder jedenfalls legitim Anspruch auf Trinkgelder oder Feiertage als Surrogat erwarten durften, gleichzeitig wurden Verbote aufgeführt, die mittelbar auf gängige Praktiken verweisen: So durften in Kursachsen Handwerker nicht unter Berufung auf das Trinkgeld der Gesellen überhöhte Bezahlung verlangen, Postillione nicht unregistrierte Passanten gegen ein Trinkgeld auf der Postkutsche mitnehmen, Soldaten und andere Wachen etwa an Toren keine Trinkgelder von Durchreisenden und Fremden verlangen, schließlich Musikanten und Spielleute von Fremden keine Geschenke oder Trinkgelder einfordern. Die Grenzen zwischen Trinkgeld, Schmiergeld, schutzgeldartiger Erpressung und Bette-

41 »Trinkgeld«, in: *Deutsches Wörterbuch* (1952/91).
42 »Trinckgeld«, in: Zedler (1745/1997).

lei waren offenbar fließend und hatten bereits zu obrigkeitlichen Regulativen geführt. Der entstehende Staat versuchte gesellschaftlichen Wildwuchs einzudämmen.

Für Großbritannien wird der Ursprung des Trinkgeldes bei Dienstleistungen manchmal ebenfalls auf das späte Mittelalter datiert, oft aber eher im Tudor-England des 16. Jahrhunderts angesiedelt. Trinkgelder (*vails*) wurden demnach zunächst von Besuchern privater Gastgeber an die Dienstboten des Hausherrn für besondere Gefälligkeiten gezahlt. Das verfestigte sich dann zur regelmäßigen Sitte bei Privatbesuchen überhaupt: Wenn die Gäste das Haus verließen, standen die Dienstboten schon bereit, um ihr Trinkgeld in Empfang zu nehmen. Mancher Hausherr soll regelmäßige große Empfänge nur veranstaltet haben, um seinen Dienstboten Gelegenheit zu reichhaltigen Zusatzeinnahmen zu bieten. So konnte er am regulären Lohn sparen oder sogar den Ertrag mit seinem Personal teilen. Jedenfalls wurden private Besuche immer kostenträchtiger, und um 1760 kam es zu Initiativen aus dem Kreis der *gentry*, des niederen Adels, die Praxis der *vails* zu unterbinden – was wiederum 1764 zu Dienstboten-Unruhen in London führte.

Die Interessen waren insofern komplex und verschlungen, eine Lösung schien kaum möglich. Deshalb blieben die Initiativen, trotz vereinzelter formeller Verbote, insgesamt erfolglos. Die gesellschaftliche Konvention der Trinkgeldzahlung bei privaten Besuchen wurde in bürgerlichen und adeligen Haushalten in Großbritannien und anderen europäischen Staaten noch zu Beginn des 20. Jahrhunderts weitgehend befolgt. Das Trinkgeld legte man unter den Teller oder übergab es, wenn man den Mantel erhielt. Dieses sogenannte »Domestikentrinkgeld« verlor zwar mit dem Niedergang der großbürgerlichen Haushalte und der Dienstbotenwirtschaft nach dem Ersten Weltkrieg an Bedeutung, es hat sich aber in manchen sozialen Kreisen noch in der zweiten Hälfte des 20. Jahrhunderts gehalten, wie Benimm-Führer aus den 1950er und 1960er Jahren belegen. Dem im Jahr 2003 erschienenen Buch *Manieren*, verfasst von Asfa-Wossen Asserate, einem Großneffen des letzten äthiopischen Kaisers, der seit 1974 in

Deutschland lebt, kann man entnehmen, dass ein Gast auch heute noch bei privaten Einladungen in Häusern mit Personal Trinkgeld hinterlassen kann.[43]

Unklar ist, woher das englische Wort für Trinkgeld, *tip*, stammt. Belege verweisen auf die Frühe Neuzeit. In manchen Londoner Gaststätten schon des 16. Jahrhunderts soll es Schalen mit der Aufschrift »To Insure Promptitude« gegeben haben, in die man vorab Münzen hineinlegte. Die Formel sei dann später zum Akronym *tip* zusammengezogen worden. Auch andere Ableitungen wurden vorgeschlagen, von einer lautmalerischen Umschreibung für das Geräusch einer Münze, die an Glas schlägt, bis zum Begriff *tipple* für (Alkohol-)Trinken.[44] Jedenfalls scheint der Begriff sich erst ausgebreitet zu haben, als die Praxis des Trinkgeldgebens von privaten Besuchen auf Gaststätten, Herbergen, Restaurants und Hotels übergriff. Anfänge liegen auch hier im 16. Jahrhundert, etwa bei den Treffen der lokalen *gentry* in *coffee shops*. Doch besonders die Zunahme von Kommunikation und Reisen führte zur Verbreitung der Praxis des *tipping*, des Trinkgeldgebens. Und das gilt nicht nur für England, sondern für Europa überhaupt.

Aus hochmittelalterlichen Wurzeln bildete sich im 16. und 17. Jahrhundert für den zunehmenden Reiseverkehr[45] eine ständisch geprägte Infrastruktur heraus: Im Mittelalter konzentrierten sich Schenken und Gasthäuser für Reisende, namentlich Pilger, an wenigen Hauptrouten, dann entstand für einzelne Berufs- und Personengruppen ein Netz an Unterbringungsmöglichkeiten, etwa Hospize für Pilger, Herbergen der Zünfte oder zumindest Übernachtungsmöglichkeiten im Zunfthaus, spezielle Gasthäuser der Kaufleute, Unterkünfte für Fuhrleute, Klöster für reisende Mönche oder Nonnen. Parallel dazu entwickelten sich zuneh-

43 v. Jhering (1882/1902) S. 46 f.; Dorothee Wierling, *Mädchen für alles. Arbeitsalltag und Lebensgeschichte städtischer Dienstmädchen um die Jahrhundertwende*, Bonn 1987, S. 91; Segrave (1998) S. 1–4; Karlheinz Graudenz / Erica Pappritz, *Etikette neu*, 11., völlig neu bearb. Aufl., München 1969 [Erstausg. 1956], S. 550; Asserate (2003/07) S. 160.

44 Segrave (1998) S. 4 f.

45 Zum Folgenden: Gräf/Pröve (1997) S. 151–164, 177.

mend, und beschleunigt im 18. Jahrhundert mit dem sich ausweitenden Waren- und Personenverkehr, kommerzielle Gasthäuser, die allen Reisenden Verpflegung und Unterkunft anboten. War der Aufenthalt in den ständischen Unterkünften in der Regel noch kostenfrei, so mussten nun immer mehr Leistungen bezahlt werden. Aber es gab keine festen Tarife, der Preis wurde frei verhandelt und konnte je nach Verhältnis zwischen Gastgeber und Gast auch sehr gering sein. Zunehmend hatten die frühmodernen Staaten aus fiskalischen wie aus ordnungs- und sicherheitspolizeilichen Gründen ein Interesse daran, Reisen und Reisende stärker zu kontrollieren. Das erforderte die Unterscheidung zwischen professionellen Gastwirtschaften und privaten Herbergen sowie eine Registrierung der Gastwirte. Zugleich versuchte man die große Zahl an Vaganten und Bettlern, die beständig die wohlhabenden Reisenden belagerten, aus den ordentlichen Gaststätten herauszudrängen. Und vor allem wurden seit der zweiten Hälfte des 17. Jahrhunderts Poststationen angelegt und Postrouten recht systematisch ausgebaut. Das derart entstehende Verkehrs- und Transportnetz brauchte Dienst- und Arbeitspersonal, das seinen Lohn wiederum individuell mit dem Reisenden aushandeln musste. Zwischen Entlohnung und Trinkgeld gab es hier noch keine scharfe Grenze. Das Reisen erforderte vielmehr beständige kleine Gefälligkeiten, Trinkgelder unterschiedlicher Art, um Dienste zu honorieren und künftige Hilfe zu garantieren.

Davon legen vor allem die Berichte bürgerlicher Reisender in vielfältiger Form Zeugnis ab. Denn neben die adlige Reise, die Kavalierstour, die *Grand Tour*, die der Ausbildung des jungen Adligen, der Vervollkommnung in höfischer Lebensweise und Etikette diente, freilich auch zu Vergnügen und Liebesabenteuern genutzt wurde, trat im 18. Jahrhundert die bürgerliche Reise. Sie war der Selbsterfahrung, der Versittlichung und der umfassenden Bildung gewidmet und sollte einen neuen Lebensentwurf vorbereiten. Seit dem späteren 18. Jahrhundert wurde das Reisen, die Vertiefung in Landschaft und Kultur und das reflektierende Berichten über die eigenen Reiseerfahrungen, zur bürgerlichen Mode. Die Herausforderungen der Reisesituation wurden in den

Reiseberichten oft eher unfreiwillig angedeutet, und Trinkgelder wurden in diesem Kontext häufig, aber eher beiläufig als kleine Honorierung alltäglicher Dienste erwähnt. In Goethes Märchen *Die neue Melusine* aus dem Jahr 1816 heißt es über die Reise im Kutschwagen lapidar: »Postgeld und Trinkgeld wurden aus den Täschchen rechts und links bequem und reichlich bezahlt [...].«[46] Die Großzügigkeit, die hier angedeutet wird, erleichterte das Reisen nicht nur, vielmehr war sie Teil der informellen Verhandlung zwischen den Reisenden und den verschiedenen Bedienten und Gehilfen am Weg, auf den die Reisenden, weit mehr noch als heute, angewiesen waren, wenn sie überhaupt ihren Weg fortführen wollten. Ob ihnen Pferd und Kutsche zur Verfügung gestellt wurden, wann der Kutscher zum Aufbruch bereit war, welche Wegstrecke gewählt und wie viel Rücksicht auf den Komfort der Reisenden genommen wurde – all das musste unter den Bedingungen der Postkutschen-Reise beständig neu ausgehandelt werden. Die Reisenden wussten, dass sie gar keine Alternative hatten, als sich durch großzügige Trinkgelder den Weg zu bahnen. Denn der Reisende, der sich normalerweise im Milieu seines Amts und seines Standes bewegte, war ein Fremder und Gefährdeter fast schon in dem Moment, in dem er sein Haus verließ. Er musste auf der Reise nicht nur Gefahren, Unwetter, unfreiwillige Verzögerungen durch Achsenbruch oder Überfälle von Räuberbanden fürchten, sondern auch immer wieder in ein ihm fernes Milieu der Gasthäuser und Dienstboten eintauchen, sich dort zurechtfinden und auf Verständnis und Hilfe hoffen. Das Wissen darum, wann welche Trinkgelder – oder auch Bestechungsgelder – in welcher Höhe geleistet werden mussten, war überlebensnotwendig. Umgekehrt konnte der Reisende erwarten, dass für das angemessene, ehrliche Trinkgeld auch angemessene Leistung geboten wurde. Knigge betonte deshalb die unmittelbare Korrelation zwischen geleisteter Trinkgeldzahlung und Qualität des Dienstes.

46 Johann Wolfgang Goethe, »Die neue Melusine«, in: J. W. G., *Wilhelm Meisters Wanderjahre. Drittes Buch*, München 1982 (*Hamburger Ausgabe*, Bd. 8), S. 354–376, hier S. 370.

Nur wenige Jahrzehnte später schien alles anders. Die Straßen und Posten waren ausgebaut, Polizei und Gendarmerie reformiert und die Räuberbanden aus den Wäldern gejagt worden. Das Reisen war nun bequemer und sicherer. Und aus der Selbsterfahrungsreise der Jahre um 1800 wurde die touristische Romantik. An besonders attraktiven Reisezielen wie dem Rhein mit seinen Burgruinen entwickelte sich früher Fremdenverkehr. Die ersten Touristen, die das romantische Rheinerlebnis genießen wollten, kamen aus England. Ein Fremdenverkehrsgewerbe entstand. 1827 wurde die Kölner, 1838 die Düsseldorfer Dampfschifffahrtsgesellschaft gegründet. Die Kölner Gesellschaft steigerte ihre jährlichen Passagierzahlen von 18851 im Gründungsjahr auf 153391 im Jahr 1837. 1840 sollen beide Gesellschaften zusammen schon über 600000 Fahrgäste befördert haben, 1856 bereits über eine Million. 1834 öffnete auf dem Drachenfels bei Königswinter eine Gaststätte, und am Fuße des Berges entstanden zahlreiche Hotels. Bald nahmen die deutschen bürgerlichen Reisenden überhand. Vielfach handelte es sich um Kaufleute aus dem aufstrebenden rheinisch-westfälischen Raum. Nach wie vor kamen aber auch Gäste aus dem Ausland, von Russland bis Italien.[47] Von den zahlungskräftigen Kunden wollten viele profitieren, nicht nur Gastwirte. Allerlei Dienstleistungen wurden angeboten, und die Grenze zwischen Bettelei, Entlohnung und Trinkgeld konnte dabei nicht scharf gezogen werden.

Was die Reisenden erleben konnten, beschrieb keiner so griffig wie der französische Schriftsteller Victor Hugo, der Ende der 1830er Jahre das Rheinland bereiste und dabei auch Köln besuchte. Die Kölner Kirchen, mit dem unvollendeten Dom an der Spitze, übten eine unvergleichliche Faszination auf die Reisenden aus. In diesem Zusammenhang wirkte Hugos Bericht umso ernüchternder, kontrastierte er doch die Erhabenheit einer historischen Kirche mit den profanen Bedürfnissen der durch den vorindustriellen Niedergang verarmten Kölner Unterschichten, die nur

47 Thilo Nowack, »... und seine Besucher«, in: *Rheinreise* (2002) S. 22–27, hier S. 22 f.; ders., »Das Fordern von Trinkgeld ist unbedingt verboten«, in: ebd., S. 44–53, hier S. 45.

mühsam durch Tagelohn und Bettelei für ihren täglichen Unterhalt sorgten.[48] Hugos Bericht verdient deshalb eine ausführliche Wiedergabe:

> Sie sehen eine Kirche, eine schöne Kirche. Man muß hineingehen. Sie gehen rings herum, betrachten, suchen. Die Thüren sind verschlossen. [...] Indeß hat ein altes Weib Ihre Verlegenheit gesehen und zeigt Ihnen eine kleine Klingel neben einem Pförtchen. Sie verstehen und schellen, die Thüre öffnet sich und der Küster erscheint. Sie sagen, Sie wollen die Kirche sehen. Der Küster nimmt einen Bund Schlüssel und geht auf die Kirche zu. Als Sie in die Kirche treten wollen, fühlen Sie sich am Ärmel gezupft; es ist die gefällige Alte, die Sie Undankbarer vergessen haben und die Ihnen gefolgt ist. Trinkgeld. Sie sind in der Kirche; Sie betrachten, bewundern, rufen vor Freude. Warum ist der grüne Vorhang vor dem Gemälde? Weil es das schönste in der Kirche ist, sagt der Küster. Hier verbirgt man die schönsten Gemälde, anderswo würde man sie zeigen. Von wem ist das Gemälde? Von Rubens. Ich möchte es sehen. Der Küster geht fort und kommt nach einigen Augenblicken mit einem sehr ernsten und traurigen Wesen wieder zurück. Es ist der Kustos. Der gute Mann drückt an eine Feder, der Vorhang teilt sich, und Sie sehen das Gemälde. Haben Sie es gesehen, so schließt sich der Vorhang, und der Kustos macht Ihnen ein bezeichnendes Compliment. Trinkgeld. Während Sie Ihren Gang durch die Kirche, immer von dem Küster gefolgt, fortsetzen, kommen Sie an das Gitter des Chors, das völlig verrostet ist und vor dem eine prächtig kostümirte Person steht, der Schweizer, der von Ihrer Anwesenheit benachrichtigt ist und Sie erwartet. Der Chor gehört dem Schweizer. Sie

48 Bis zu einem Drittel der Bevölkerung Kölns galt im frühen 19. Jahrhundert nach zeitgenössischen Kriterien als arm und unterstützungsbedürftig; vgl. Ulrike Dorn, *Öffentliche Armenpflege in Köln von 1794–1871. Zugleich ein Beitrag zur Geschichte der öffentlichrechtlichen Anstalt*, Köln 1990, S. 30.

gehen darin herum. Als Sie ihn verlassen wollen, grüßt Sie Ihr gallonirter Cicerone majestätisch. Trinkgeld. Der Schweizer übergibt Sie dem Küster. Sie gehen vor der Sakristei vorbei. O Wunder! sie ist offen. Sie treten hinein. Ein Sakristan ist darin. Der Küster entfernt sich würdevoll, denn er muß dem Sakristan seinen Raub lassen. Der Sakristan bemächtigt sich Ihrer, zeigt Ihnen die Ciborien, Meßgewänder, Fenster, die Sie ohne ihn sehr gut sehen würden, die Mitra des Erzbischofs und unter Glas in einem mit weißem Atlas geschmückten Kasten irgend ein Skelett eines Heiligen, als Troubadour angekleidet. Die Sakristei ist gesehen, der Sakristan bleibt zurück. Trinkgeld. Der Küster nimmt Sie wieder in Empfang. Da ist die Treppe im Thurm. Die Aussicht von oben muß schön sein, Sie wollen hinaufsteigen. Sie steigen ungefähr 30 Stufen hinauf. Plötzlich ist die Passage gesperrt. Eine verschlossene Tür ist da. Sie wenden sich um, Sie sind allein, der Küster ist nicht mehr da. Sie klopfen an. Ein Gesicht erscheint an einer Luke. Es ist der Glöckner. Er öffnet und sagt Ihnen: Steigen Sie hinauf mein Herr. Trinkgeld. Sie steigen hinauf, der Glöckner folgt Ihnen nicht; desto besser, denken Sie; Sie schöpfen frische Luft, Sie freuen sich, allein zu sein, Sie kommen so lustig auf die höchste Plattform des Thurms. Da betrachten Sie, gehen auf und ab; der Himmel ist blau, die Landschaft prächtig, der Horizont unermeßlich. Plötzlich bemerken Sie, daß seit einiger Zeit ein widriges Wesen Ihnen folgt, Sie antritt und Ihnen unverständliche Dinge ins Ohr murmelt. Das ist der geschworene und privilegirte Erklärer, damit beauftragt, den Fremden die Herrlichkeiten des Thurms, der Kirche und der Landschaft auseinanderzusetzen. Dieser Mensch stottert gewöhnlich, bisweilen ist er auch taub. [...] Wenn Sie genug gesehen haben, denken Sie ans Hinuntersteigen, Sie gehen nach der Treppe. Der Mensch stellt sich vor Sie hin. Trinkgeld. Sehr gut, mein Herr, sagt er, indem er es einsteckt, wollen Sie mir nicht auch etwas für mich geben? – Wie? und was ich Ihnen eben gab? – Ist für die Kirche, der ich für die Person 2 Franken geben muß [...]. Trinkgeld. Sie steigen hinab. Plötzlich öffnet sich neben Ihnen eine Thüre. Es ist der Glockenstuhl. Man muß die Glocken in diesem schönen Thurm wohl auch sehen. Ein junger Bursche zeigt sie Ihnen und nennt sie mit Namen. Trinkgeld. Unten am Thurm finden Sie den Küster wieder, der geduldig auf Sie gewartet hat und Sie ehrfurchtsvoll bis an die Kirchenschwelle begleitet. Trinkgeld.[49]

Tatsächlich konnten die Bürger gerade angesichts der Massenarmut, des Pauperismus, den allgegenwärtigen Forderungen nach Trinkgeld immer schwerer ausweichen. Immer bedrohlicher nahmen sie die Macht der Unterschichten wahr. Die Ausweitung der Trinkgelder war ein Indikator der Beziehungen zwischen den sozialen Klassen, zwischen denen, die irgendwie ihr Überleben sichern mussten und dabei allerlei Dienstleistungen anboten, und denen, die statusbewusst immer rigider die Absonderung von anderen Schichten suchten.

Seit der Mitte des 19. Jahrhunderts veränderte das Reisen dann noch einmal seinen Charakter. Die touristische Romantik wurde nun von Erholungsfahrten, Vergnügungsreisen und Tagesausflügen abgelöst. Mit der Durchsetzung bürgerlicher Werte, einem gewissen Wohlstand und dem Entstehen einer bewusst erlebten und gestalteten Freizeit kam auch ein moderner Fremdenverkehr auf. Immer mehr Bürger konnten sich nun zumindest Ausflüge leisten und taten das auch, um ihren Lebensstil vorzuführen. Gleichzeitig wurde die Gesellschafts-, Gruppen- und Vereinsreise üblicher. Für ein einziges Juli-Wochenende verzeichnete das *Echo des Siebengebirges* 1897 folgende Besuchergruppen am Drachenfels: eine Unteroffizier-Schule aus Jülich, die »Zöglinge« eines Waisenhauses aus Elberfeld, einen Gymnasiallehrerverein

49 Victor Hugo, *Sämmtliche Werke*, Bd. 16: *Der Rhein. Briefe an einen Freund*, 3., rev. Aufl., Stuttgart 1859 [frz. Erstausg. 1842], S. 130–132. Auszüge auch in: Mazuyer (1947) S. 18–22; Viktor Ehrenberg, »Einleitung«, in: v. Jhering (1882/1902), S. VIII–X.

aus dem Rheinland, einen Gesangverein aus Bochum und einen aus Bonn, einen Klub »Alter Fritz« aus Elberfeld, einen Gesellen-Gesangchor aus Solingen, einen Artillerie-Verein aus Koblenz, einen Kirchenchor aus Sieglar, einen evangelischen Bürgerverein aus Köln sowie einen Kriegerverein wiederum aus Elberfeld.[50] Nun begann sich das Reisen in breitere Schichten hinein zu öffnen. Auch wenn es einen Anspruch auf bezahlten Urlaub vor dem Ersten Weltkrieg nur für Beamte (Anfänge seit 1873) und für Angestellte in geringem Umfang gab, in der Regel aber nicht für Arbeiter,[51] ermöglichten doch das langsame Ansteigen der Löhne und die Einschränkung der Arbeitszeiten nun vermehrt auch Arbeiterfamilien und Arbeitervereinen, das bürgerliche Modell der Vergnügungs- und Ausflugsreise zu übernehmen. Doch noch 1902 hieß es im Umfeld des bürgerlich-sozialreformerischen »Nationalsozialen Vereins«, dass die Urlaubsreise nach wie vor zu teuer für die breite Masse sei. Der müsse aber »Gelegenheit gegeben werden, Vergnügungsreisen zu unternehmen, die man [...] besser Bildungsreisen nennen kann«, denn Reisen sei Bildung.[52]

Jedenfalls wurde das Reisen auf lange Sicht demokratischer, aber auch kommerzieller: Der Massentourismus setzte sich durch. Besonders die neuen Verkehrsmittel Eisenbahn und Dampfschiff erlaubten es, große Menschenmassen in immer neue oder fernere Räume zu transportieren. Das Fahrrad und nach der Jahrhundertwende das anfangs noch außerordentlich elitäre, geradezu feudale Automobil trugen zudem zur Erschließung nahe gelegener Ausflugsziele bei. Im Umland der Städte ebenso wie in den eben erst erschlossenen touristischen Regionen, etwa den Vogesen oder den Alpen, wurden neue Gastwirtschaften und Hotels eröffnet. Ost- und Nordsee waren schon seit der Wende zum 19. Jahrhundert als Erholungsgebiete entdeckt worden; Heiligendamm 1793 und Norderney 1797 hatten den Anfang gemacht. Im letzten Drittel des 19. Jahrhunderts expandierte dann der Bädertourismus. Auch

50 Nowack (s. Anm. 47) S. 25.

51 Hachtmann (2007) S. 97.

52 Alfred H. Fried, »Volksreisen«, in: *Die Zeit. Nationalsoziale Wochenschrift* 2 (1902) S. 591–595, hier S. 592.

Alpen- und Vogesenvereine sowie andere Regional- und Wandervereine förderten ungewollt die Ausweitung der Restaurationsbetriebe. Zwischen 1862 und 1869 entstanden Alpenvereine in Österreich, der Schweiz, Italien, Frankreich und Deutschland. In den rund 230 Hütten des »Deutsch-Österreichischen Alpenvereins« sollen vor dem Ersten Weltkrieg jährlich fast 250 000 Personen übernachtet haben.[53] Die Anfänge des Wintersports in den Alpen schon vor 1914 steigerten die Übernachtungszahlen noch einmal und führten zum weiteren Ausbau der touristischen Infrastruktur. Selbst Nationaldenkmäler wie das 1883 fertiggestellte Niederwalddenkmal bei Rüdesheim oder die in der wilhelminischen Zeit errichteten Kaiser-Wilhelm-Denkmäler erwiesen sich als touristische Attraktionen und zogen die Errichtung von Gastbetrieben in der Umgebung nach sich. Ebenso wie die regionalen Vereine, etwa der »Rhön-Klub« von 1876 oder der »Eifelverein« von 1888, ermöglichten sie auch die Kurzreise, den Tagesausflug, und erschlossen damit neue Touristengruppen, für die eine Alpenreise zu zeitaufwendig und teuer war.

Kaum eine Region konnte sich dem Reisedrang der Touristen entziehen. Der Fremdenverkehr durchbrach alle Grenzen. Ein schleichender innerer Kulturimperialismus ebnete Traditionen ein. Der Berliner Publizist und Reiseautor Ernst Kossak beschrieb es in zivilisationskritischer Ironie schon 1858:

> Die Eroberung Thüringens durch die Berliner Sommertouristen datiert kaum ein Jahrzehnt rückwärts. […] Die Schöpfung der Eisenbahn sollte das unglückliche Land aus seiner stillen Verborgenheit reißen und über seine Einwohner alle Laster eines durch die Auswüchse der Zivilisation verdorbenen Volksstammes bringen. Einige durch habituelle Saumseligkeit auf intimen Stationen zurückgebliebene Waggonauswürflinge entdeckten, während sie auf den nächsten Zug warteten, Thüringen. Sie fanden ein anmutig bewaldetes, von malerischen Höhen und liebli-

53 Hachtmann (2007) S. 88.

> chen Tälern durchzogenes Land, billige Fleischpreise und Quartiere, Eingeborene, die noch nicht durch Trinkgelder entmenscht waren, große Semmeln und nahmen unter der Flagge Berlins Besitz von dem neuen Erdstriche. Sehr richtig erkannten sie die Bedeutung Thüringens für die künftige Sommerkolonisation. […][54]

Das Trinkgeld erschien hier nicht nur als Konsequenz einer neuen Fremdenverkehrskultur, sondern auch als Symbol der Entfremdung des Menschen schlechthin. Tatsächlich entstanden mit dem Massentourismus ganz neue Erwerbsmöglichkeiten und ganz neue Berufsfelder im Bereich von Gastwirtschaften, Hotels und Bahnhöfen, für die das Trinkgeld eine zentrale Rolle spielte. Sollen nach der amtlichen preußischen Statistik im Jahr 1882 noch 167 480 »Arbeiter im Beherbergungswesen« beschäftigt gewesen sein, so stieg die Zahl bis 1895 auf 401 707.[55] Die Tätigkeit in Hotels und Gastwirtschaften sowie im Fremdenverkehrsgewerbe war verlockend, weil sie jungen Männern und Frauen auch ohne Ausbildung schnelle und ungewöhnlich hohe Einnahmen in Aussicht stellte. Unerfahrene, aber entspannte Ausflügler waren großzügige Trinkgeldgeber. Gerade an touristischen Ausflugszielen wie dem Drachenfels versuchten die kommunalen Obrigkeiten zwar, dem Wildwuchs an Dienstleistungen und Trinkgeldbetteleien Grenzen zu setzen, indem sie rigide klingende Vorschriften erließen, so etwa 1881 eine Polizeiverordnung über »das öffentliche Bereithalten von Pferden und Eseln« oder 1908 ein »Lohnkutscher-Reglement« für die Stadt Königswinter.[56] Vor allem das aktive Einfordern von Trinkgeldern wurde dabei untersagt. Sehr wirkungsvoll war das offenbar nicht. Nicht nur das Reisen verlangte neue Dienstleistungen, vielmehr brachten Verstädterung, Mobilität und wachsender Wohlstand generell immer

54 Ernst Kossak, *Bade-Bilder* [1858], in: *Reisebilder von Gerstäcker bis Fontane. Streifzüge und Wanderungen,* hrsg. von Gotthard Erler, Frankfurt a. M. 1984, S. 351–380, hier S. 374 f.

55 Flugschrift der Anti-Trinkgeld-Liga, Hamburg [o. J.], Staatsarchiv Hamburg, Bibliothek, A 507/17.

56 Nowack (s. Anm. 47) S. 46, 53.

weitere Dienstleistungsberufe hervor – und die zogen das Trinkgeld nach sich. Trinkgeld erhielten nun Droschkenfahrer, (Pferde-)Omnibus-, Pferdebahn- und Straßenbahnschaffner, Friseure, Logen- und Saaldiener beim Theater- oder Konzertbesuch, nach der Jahrhundertwende die Platzanweiser im Kino und fast alle Bedienten im Gastwirtschafts- und Hotelgewerbe. Hinzu kamen Gratifikationen zum Jahreswechsel für Schaffner, Boten, Träger, Schornsteinfeger und andere Dienstkräfte, mit denen man regelmäßig zu tun hatte. Das Ganze wurde immer unübersichtlicher. Und die Trinkgelder schienen ständig zu steigen. In der Zeit des Deutschen Kaiserreichs, so jedenfalls der Eindruck der zeitgenössischen Fachliteratur, seien die üblichen Sätze um das Doppelte gewachsen.[57] Und das gilt nicht nur für Deutschland, sondern für die modernen Gesellschaften Europas schlechthin. Auch in Frankreich hieß es deshalb an der Jahrhundertwende: »On peut dire que le pourboire est partout. En tous lieux, à toute heure, il faut mettre la main à la poche. Le plus souvent, le geste est machinal et l'on s'exécute sans se rendre compte.«[58]

Besonders im Hotel- und Gastwirtschaftsgewerbe war eine Fülle unterschiedlicher Trinkgelder zu leisten, formal auch nach dem Verständnis der Zeitgenossen ohne rechtliche Verpflichtung, de facto aber unausweichlich und für den nicht ganz Eingeweihten kaum durchschaubar. In einem großen Hotel der besten Kategorie waren um 1900 bei der Abreise Trinkgelder für zehn verschiedene Bedienstete fällig: für Oberkellner, Zimmerkellner, Saalkellner, Abteilungschef, Zimmermädchen, Hausbursche, Portier, »Wagenbegleiter (Gepäckexpeditor)«, Läufer und Liftjunge.[59] Das war internationaler Standard. So berichtete ein australischer Reisender von seinem Aufenthalt in einem Moskauer Hotel noch vor der Revolution: Vor der Abreise gab er zwei Zimmermädchen und einem Kellner ein großzügiges Trinkgeld. Als nun sein Gepäck in die Hotelhalle gebracht wurde, schlug der Hotelbesitzer, übrigens ein Schweizer, eine Klingel. Darauf nahmen rund 20 Be-

57 Bader (1914) S. 52.
58 Mazuyer (1909) S. 25.
59 Bader (1914) S. 34.

dienstete in der Halle Aufstellung, die meisten hatte der Gast noch nie gesehen. »The gentleman will remember the servants«, erläuterte der Besitzer, »it is the custom [...]. Your luggage cannot leave till you pay the servants«.[60] Einem Freund passierte bei einem Jagdausflug in Schottland ebenfalls Bemerkenswertes. Nach dem ersten Tag wollte er dem Jagdaufseher eine Münze als Trinkgeld geben. Der reagierte kühl: »You will excuse me, sir, but I never take less than paper.« Der Gast weigerte sich und nahm die Münze zurück. Für den Rest seines Jagdurlaubes sah er praktisch kein Tier mehr.[61]

Wenn der Gast nicht gesellschaftlich sehr gewandt war, musste er sich als hilfloses Opfer eines komplexen Systems der organisierten Erpressung fühlen, zumal das Anliegen in der Regel unmissverständlich formuliert wurde wie von jenem Pariser Bediensteten, der den Gast mit den Worten ansprach: »Alors vous pensez à mon petit pourboire.«[62] Zunehmend spielten sich gesellschaftliche Konventionen ein, wann und wie Trinkgeld zu zahlen war. Bei größeren Einladungen und Festessen in deutschen Restaurants gab es beispielsweise die Zahnstocher-Sitte. Nach dem letzten Gang ließ der Kellner einen Teller mit Zahnstochern herumgehen. Jeder wusste, dass er dann sein Trinkgeld auf den Teller zu deponieren hatte – jedenfalls jeder Deutsche. So wurde von einem deutsch-amerikanischen Fest in Bingen in den 1870er Jahren berichtet: Die amerikanischen Gäste, die diese Trinkgeldsitte nicht kannten, hätten sich seelenruhig und ungeachtet der erstarrten Miene des Kellners lediglich bei den Zahnstochern bedient, aber nichts auf den Teller gelegt, und schließlich habe der Vorsitzende der Versammlung, ein Amerikaner, auch noch wutentbrannt den Kellner aus dem Raum geworfen und den Wirt zurechtgewiesen.[63]

Angesichts solch peinlicher Situationen suchte man in Benimm-Fibeln und Reiseanleitungen Halt. Seit dem Beginn des

60 Crouch (1936) S. 542.
61 Ebd., S. 546.
62 Bach (1910) S. 169.
63 v. Jhering (1882/1902) S. 80–82; Kleinpaul (1898) S. 50f.

19. Jahrhunderts wuchs der Lesermarkt für Reiseliteratur. Allein für das besonders attraktive Reiseziel Rheinland erschienen zwischen 1814 und 1856 120 Reisebücher.[64] Reiseführer im eigentlichen Sinn gab es seit Mitte der 1830er Jahre. Mit dem entstehenden Massentourismus der zweiten Hälfte des 19. Jahrhunderts griffen sie das Thema des Trinkgeldes auf. Der »Baedeker« über die *Rheinreise von Basel bis Düsseldorf* enthielt schon 1849 Hinweise zum aus seiner Sicht ärgerlichen, aber unumgänglichen Trinkgeld:

> Es ist eine schlechte Sitte, daß in Gasthöfen, nachdem alles gehörig berechnet worden ist, auch noch die Bedienung, die doch vom Hausherrn besoldet wird, sich zu einem sogenannten Trinkgeld meldet, oder dasselbe doch erwartet. Da aber der Gebrauch einmal besteht, so wird der Reisende sich demselben nicht entziehen können.[65]

Daran schloss sich eine knappe Information über angemessene Trinkgelder für einzelne Berufsgruppen, vom Oberkellner über den Küster bis zum Gepäckträger. Auch andere »Baedeker«-Bände der zweiten Hälfte des 19. Jahrhunderts gaben, wenn auch noch nicht sehr umfassend und systematisch, Hinweise zum Trinkgeld.[66] In Frankreich informierten die »Guides Joanne«, benannt nach dem Urheber und Organisator Adolphe Joanne und Synonym für den populären Reiseführer schlechthin wie in Deutschland der »Baedeker«, ebenfalls schon in der zweiten Hälfte des 19. Jahrhunderts über regionale und nationale Trinkgeldgepflogenheiten. Reise- und Schifffahrtsgesellschaften veröffentlichten ganze Listen mit Trinkgeldberechtigten und der Höhe der jeweils empfohlenen Spende. Später konnte man sogar spezielle

64 Vgl. Elmar Scheuren, »›Von jetzt an wird die Gegend wundervoll …‹. Rheinreise und Reiseführer«, in: *Rheinreise* (2002) S. 60–65.

65 Karl Baedeker (Bearb.), *Rheinreise von Basel bis Düsseldorf*, 6., verb. und verm. Auflage der Klein'schen Rheinreise, Koblenz 1849, Nachdr. Dortmund 1978, S. IX.

66 Beispiel: K[arl] Baedeker, *Mittel- und Norddeutschland. Handbuch für Reisende*, 17. Aufl., Leipzig 1876, S. 4, 249.

Trinkgeldführer mit »Praktischen Winken für Jedermann, besonders für Reisende, Touristen« erwerben.[67] So bildeten sich gewisse Standards heraus. War der Reisende oder Gast durch Ratgeber in die Sitten des Trinkgeldgebens eingeweiht, brauchte er sich nicht mehr als Opfer einer Erpressung zu fühlen, sondern konnte sich als ebenso generöser wie stilsicherer und gesellschaftlich gewandter Repräsentant einer Kultur und einer sozialen Schicht präsentieren. Die Zwänge, denen er unterworfen war, gingen nicht von geldgierigen Unterschichten aus, sondern von den Regeln der bürgerlichen Gesellschaft. In Umfang und Form des Trinkgeldgebens eingeweiht, konnte nun auch der Kleinbürger öffentlich repräsentieren, dass er sich von der Schicht der Trinkgeldempfänger abhob.

Besonders im Hotel- und Gaststättengewerbe ging es aber nicht nur um Konvention und Stil, sondern um die Etablierung eines neuen Berufsstandes. Der Kellnerberuf war in Deutschland erst seit Beginn des 19. Jahrhunderts aufgekommen. Der Berufsstand war sozial weit gespannt: Er umfasste Oberkellner in Luxushotels und Kellner in Restaurants höheren und niedrigen Niveaus (letztere auch »Bouillonkeller« genannt), Bedienungen in Konditoreien und Kaffeehäusern besserer (»Wiener Café«) und schlechterer Qualität (»kleine Konditoreien«, »Kaffeeklappen«), Kellner in bürgerlichen Lokalen (»Bierpaläste«), Bedienungen (»Bierschlepper«) in Bahnhofsgaststätten, Gartenlokalen und proletarischen Wirtshäusern (»Bierschwemmen«), Saisonkellner in den Bergen oder den Badeorten sowie schließlich Aushilfs- und Lehrkellnerinnen (»Wassermädchen«, »Biermädchen«, »Bierflöhe«). Außerdem gehörten sowohl fest angestellte als auch nur tageweise engagierte Kellner und Kellnerinnen dazu. Im Schnitt war in den 1890er Jahren im Deutschen Reich ein Drittel der Angestellten im Gastwirtschaftsgewerbe weiblich, in Baden und Württemberg belief sich der Anteil auf knapp 60 Prozent, in Bayern lag er sogar bei 64 Prozent. Es gab zu dieser Zeit kaum eine Berufsgruppe, die einen so hohen Anteil an Frauen aufwies.

67 Bader (1914).

Mitteilungs- und Vereinsblätter der Gastwirtschaftsangestellten

Auch Kellner entwickelten bald ein eigenes Standesbewusstsein, eine Berufsehre, und organisierten sich. Nach punktuellen Anfängen in den 1840er Jahren entstanden erste Interessenvereinigungen, Kellnerverbände, seit der zweiten Hälfte der 1870er Jahre, vor allem der »Genfer Verband« von 1877 und der »Deutsche Kellnerbund« in Leipzig von 1878. Der »Genfer Verband« hatte Anfang der 1890er Jahre rund 3000 Mitglieder, davon 1000 im Deutschen Reich, der »Kellnerbund« verzeichnete zu dieser Zeit knapp 4000 Mitglieder. Die Vereinigungen stützten sich auf lokale oder regionale Zweigvereine. Beide Vereine unterhielten Verbandszeitungen; beim »Kellnerbund« war es der *Kellnerfreund*, der dann in *Restaurant-Hotel-Revue* umbenannt wurde. Neben den großen Verbänden gab es zahlreiche lokale und regionale Kellnervereinigungen, zum Beispiel den Kellnerverein »Bavaria« in Nürnberg oder den Würzburger Kellnerverein »Franconia«. Aus politischen und Standesgründen scheiterten Versuche zu größeren Zusammenschlüssen: Hotelkellner wollten sich nicht auf eine Ebene mit Restaurantkellnern begeben, der »Deutsche Kellnerbund« (immerhin gegründet im Jahr des Erlasses der Bismarckschen »Sozialistengesetze«) war dezidiert antisozialistisch, bei der Gründung des »Genfer Verbandes« sollen dagegen »sozialdemokratische Bestrebungen im Spiele« gewesen sein, wenn auch in der Folge »nur hie und da [...] einmal wieder ein rötlicher Schimmer sichtbar« wurde. Auch das erscheint noch übertrieben. Der »Genfer Verband« setzte sich vielmehr entschieden für den Erhalt des Trinkgeldes ein, und zwar in der Erwartung, der Kellner wolle und könne sich mit den hohen Trinkgeldeinnahmen bald selbständig machen. Eine eigene sozialistische Kellnerbewegung ging nach dem Ende der Sozialistengesetze aus dem 1889 gegründeten »Verein Berliner Gastwirtsgehülfen« hervor, nämlich der »Verband der Gastwirtsgehilfen« von 1898, der den sozialistischen Gewerkschaften nahestand und die Zeitschrift *Der Gastwirtsgehilfe* herausgab.[68] Im März 1900 trat in Berlin der erste Verbandstag, das heißt der erste gesamtdeutsche Kellnerkongress, zusammen.

68 Oldenberg (1893) S. 181–186, Zitate S. 183.

Die Delegierten des ersten Kongresses der freigewerkschaftlichen Lokalvereine der Gastwirtsgehilfen, Berlin 1894

Ansätze einer Kellnerinnenbewegung kamen dagegen über lokale Initiativen nicht hinaus. Am 30. Juni 1891 fand in Berlin eine erste Kellnerinnenversammlung statt (nach Dienstschluss, um 24 Uhr), doch die Etablierung einer Kellnerinnenbewegung scheiterte hier noch.[69] Im Jahr 1900 wurde dann in München eine erste entsprechende Vereinigung gegründet, deren Einzugsgebiet sich zunächst allerdings vor allem auf die Stadt beschränkte. Gerade Kellnerinnen, die in der Mehrheit anders als die Kellner keine Ausbildung im Gastgewerbe durchliefen, stellten eine sozial höchst heterogene Gruppe dar: Manche waren verheiratet, andere verstanden die Stelle als Chance zur Eheschließung, einige hatten eine ständige Anstellung, wieder andere waren als Aushilfen bei mehreren Wirten beschäftigt. Vielfach war die Beschäftigung nur kurzfristig, Anfang der 1890er Jahre galt eine mehr als dreimonatige Anstellung im selben Gastbetrieb schon eher als ungewöhn-

69 Poetzsch (1928) Bd. 1, S. 48.

lich. Vor allem: Anders als die Männer wussten Kellnerinnen, dass ihre Tätigkeit im Gastwirtschaftsgewerbe, jedenfalls im trinkgeldträchtigen Bedienen, voraussichtlich nur vorübergehend sein würde: Die Mehrzahl der Kellnerinnen hatte »das sog. ›gangbare‹ Alter«, das heißt, sie waren zwischen 19 und 25 Jahre alt – oder gaben vor es zu sein –, denn Alter und Aussehen waren wichtige Kriterien bei der Einstellung, galt die Kellnerin im Gasthaus doch als »notwendiges Lockmittel«.[70] Oder, wie es bei einer Bestandsaufnahme aus Münchner Gastwirtschaftskreisen zynisch hieß:

> Was nun die Behauptung betrifft, daß nur hübsche und junge Kellnerinnen angestellt werden, so ist sie bei einem Teil der Lokale in München richtig, wenn man sie negativ faßt: daß keine häßlichen und alten Kellnerinnen angestellt werden.[71]

Angesichts der Arbeitsbedingungen im Gastwirtschaftsgewerbe begannen sich Gewerkschaften und bürgerliche Sozialpolitiker für die soziale Lage der Kellner und Kellnerinnen zu interessieren, und die Ergebnisse bestätigten schlimmste Vermutungen. Die 1892 eingesetzte »Kommission für Arbeiterstatistik« erhielt im Juni 1893 den Auftrag, Erhebungen über die im Gastwirtschaftsgewerbe Beschäftigten vorzunehmen. Die Zahlen geben unter anderem Aufschlüsse über die Anteile der einzelnen Kellnergruppen in den deutschen Staaten, namentlich über den Anteil des weiblichen Bedienungspersonals.[72]

70 Peter (1907) S. 23f.

71 Zit. nach: Jellinek (1907) S. 615, Anm. 8.

72 Die Tabelle und die folgenden Angaben nach: *Erhebung über die Arbeits- und Gehalts-Verhältnisse der Kellner und Kellnerinnen. Veranstaltet im Jahre 1893*, bearb. im Kaiserlichen Statistischen Amt, Berlin 1894 (*Drucksachen der Kommission für Arbeiterstatistik, Erhebungen*, Nr. 6), S. 58f., 62–65, 68f., 119–129; dass., Tl. 2, Berlin 1895 (*Drucksachen der Kommission für Arbeiterstatistik, Erhebungen*, Nr. 9), S. 35f.; Peter (1907) S. 15. Erfasst wurden hier nicht alle Kellner, die Gesamtzahl wurde mit rund 89 000 angegeben (52 000 Kellner, 37 000 Kellnerinnen).

Kellner und Kellnerinnen in Deutschland
nach der Erhebung der Kommission für Arbeiterstatistik 1893

Land (in Auswahl)	Gesamt	davon Kellnerinnen		Oberkellner	Kellner	Lehrlinge
Deutsches Reich	12465	4093	33,0 %	1099	4378	2895
Preußen	6256	1322	21,0 %	642	2663	1629
Ostpr.	412	267	64,8 %	29	76	40
Westpr.	145	98	67,6 %	8	18	21
Berlin	972	200	20,6 %	65	582	125
Rheinland	716	118	16,5 %	77	379	142
Hamburg	421	16	3,8 %	26	304	75
Sachsen	887	311	35,0 %	78	348	150
Bayern	1866	1195	64,0 %	92	288	291
Baden	539	318	59,0 %	36	94	91
Württemberg	613	361	59,0 %	40	101	111

Die Befragung der Oberkellner ergab, dass nur drei Viertel von ihnen überhaupt einen festen Lohn erhielten, und nur bei einem knappen Fünftel belief er sich auf mehr als 30 Mark im Monat. Von den befragten Kellnern bezogen 82,5 Prozent einen festen Lohn, 17,9 Prozent erhielten sogar nur 10 Mark oder weniger. Das Durchschnittseinkommen eines Arbeitnehmers lag im Deutschen Reich zu dieser Zeit bei rund 650 Mark im Jahr. Ein Restaurant der gehobenen Kategorie beim Palmengarten in Frankfurt am Main beispielsweise zahlte seinen rund zwanzig fest angestellten Kellnern 30 Mark monatlich. Die Kellner in den Restaurants von Reichstag und Landtag in Berlin erhielten überhaupt kein festes Gehalt und waren ganz auf Trinkgelder angewiesen. Kellner in Badeorten wurden für drei bis vier Monate eingestellt und erhielten dafür insgesamt 80 bis 120 Mark. In die Statistik waren nicht einmal die sogenannten Lohnkellner einbezogen, das heißt die nur aushilfs- und tageweise bei Bedarf zusätzlich angestellten Kellner, die bis zu einer Mark pro Tag erhielten, weil sie nicht als Angestellte, sondern als selbständige Gewerbetreibende angesehen wurden. Von den befragten Kellnerinnen, deren Entlohnung weitaus schlechter war als die ihrer männlichen Kollegen, erhielten nur 70 Prozent einen Fixlohn (in Baden soll Kellnerinnen fast nirgends ein fester Lohn gezahlt worden sein), 55,6 Prozent erhielten zudem 10 Mark oder weniger. Die Tageseinnahmen einer Kellnerin an Trinkgeld dagegen wurden in Baden auf durchschnittlich 4–5 Mark geschätzt. Der Fixlohn machte also nur einen minimalen Teil des Monatseinkommens aus. In Großstädten waren die Kellnerlöhne durchweg geringer als in Kleinstädten und auf dem Land. Die höhere Trinkgeldeinnahme in den Großstädten wurde von den Wirten quasi vorab eingerechnet.

Zugleich erhoben nicht wenige Wirte noch eine Reihe weiterer Forderungen gegenüber ihren Kellnern, etwa für Gläserbruch, und zwar häufig in Form einer täglich pauschal zu entrichtenden Abgabe, für die Reinigung des Geschirrs und Bestecks, für das Putzen des Gastraumes, sogar für den Liftboy und den Hausdiener. Dieser Hausdiener wiederum musste seine Ausstattung und Arbeitsmaterial, zum Beispiel Besen, Bürsten sowie Schuhcreme, selbst bezahlen. Auch Kellner und Kellnerinnen mussten nicht selten Material selbst stellen, etwa Tinte zum Schreiben der Speisekarte, das Bonbuch oder Putzlappen – dies auch in Lokalen, in denen sie keinen Lohn bezogen. Manchmal stellte der Portier den Hausdiener selbst ein und entlohnte ihn. In München mussten die Kellnerinnen für ein oder zwei »Wassermädchen« aufkommen, häufiger – wie in Baden – auch zu den Kosten einer Putzfrau beitragen. In Wien hatte der Zahlkellner seine Gehilfen, die »Zuträger«, zu finanzieren. Einen eigenen Lohn erhielt er vom Gastwirt nicht. Über die von den Kellnern zu zahlenden Abgaben zog der Wirt de facto einen Teil der Trinkgelder an sich. Anstellungen in trinkgeldträchtigen Gasthäusern galten ohnehin als so attraktiv, dass die Kellner sich vielfach in ihre Stelle regelrecht einkaufen mussten und dann auch keinen Lohn erhielten, sondern eine Pacht zahlten.[73] Hinzu kam schließlich, dass Kellnerinnen und Kellner mit zunehmendem Alter immer geringere Chancen hatten, überhaupt eine Stelle zu finden; in jedem Fall sanken ihre Bezüge drastisch. Oder, wie es Gastwirtsvereinigungen gegenüber der »Kommission für Arbeiterstatistik« 1894 ausdrückten:

73 Poetzsch (1907) S. 385; Peter (1907) S. 8, 20, 27, 37f.; Oldenberg (1893) S. 154–158. Zum Frankfurter Beispiel: Ebert/Hoffmeyer (1892) S. 7.

> Zur Begründung bezw. zur Unterhaltung einer Familie müssen sich die zur Zeit gewährten Gehaltsbezüge als durchschnittlich ungenügend erweisen und bedürfen die Mehrzahl dieser Familienversorger nothwendig noch derjenigen Einnahmen, welche ihnen heute als »Trinkgelder« zufließen. Dabei liegt es in der Natur dieses Berufs, daß deren Träger (einige wenige hervorragende Vertrauenspersonen ausgenommen) mit zunehmendem Alter nicht begehrenswerther, sondern umgekehrt immer weniger gesucht werden und kommen damit diese Beklagenswerthen in die traurige Lage, daß in dem Maße, als sich ihre Familienfürsorge vergrößert, ihr Einkommen sich verringert.[74]

Das alles musste Folgen für die Arbeitsbedingungen haben. Selbst nach den Maßstäben des späteren 19. Jahrhunderts waren die Belastungen außergewöhnlich hart. Nach den Erhebungen der Kommission für Arbeiterstatistik von 1893 arbeitete die Mehrheit sowohl der Kellner wie der Kellnerinnen 14 bis 18 Stunden täglich, und das einschließlich der Sonntage. Einen Anspruch auf Urlaub gab es nicht. Eine Novellierung der Gewerbeordnung nahm 1891 die Angestellten im Gastwirtsgewerbe sogar ausdrücklich von den Bestimmungen über die Sonntagsruhe aus, ein freier Tag war fortan nicht garantiert. Die Lehrlinge arbeiteten zu den gleichen Bedingungen und Zeiten wie die Kellner, einschließlich der Nachtdienste, aber sie erhielten keine oder nur eine geringe Entlohnung. Weibliche Bedienungen erhielten in der Regel keine besondere Ausbildung, allenfalls in Süddeutschland war eine vier- bis sechsmonatige Lehrzeit möglich. Gearbeitet wurde zumeist »in dumpfer, von Tabaksqualm und Speisegerüchen durchsetzter Luft, in oft schlecht ventilierten Lokalen«.[75] Erst eine Verordnung des Bundesrats vom 23. Januar 1902 führte einige Einschränkungen im Gastwirtsgewerbe ein: Sie sprach jedem

74 *Erhebung über die Arbeits- und Gehalts-Verhältnisse der Kellner und Kellnerinnen*, Tl. 2 (s. Anm. 72) S. 34.

75 Peter (1907) S. 26.

Angestellten im Gastwirtschaftsbereich »für die Woche siebenmal eine ununterbrochene Ruhezeit von mindestens acht Stunden« zu, Heranwachsenden unter 16 Jahren sogar von jeweils neun Stunden. Alternativ war alle drei Wochen ein kompletter Ruhetag von 24 Stunden zu gewähren, in Gemeinden mit mehr als 20 000 Einwohnern sogar in jeder zweiten Woche. Heranwachsende unter 16 Jahren durften in der Nacht zwischen 22 und 6 Uhr nicht beschäftigt werden, weibliche Angestellte zwischen 16 und 18 Jahren durften in dieser Zeit »nicht zur Bedienung der Gäste verwendet« werden.[76] Lohn und Trinkgeld waren von diesen Bestimmungen nicht betroffen. Zudem versuchten die Wirte gerade die Bestimmungen über den Ruhetag zu umgehen.

Auf die extremen Arbeitsbedingungen wurden auch die besonderen Gesundheitsrisiken von Kellnern zurückgeführt. Nach den Daten des Preußischen Statistischen Büros fielen Kellner öfter als andere Arbeiter und Angestellte durch Krankheit aus, und der einzelne Erkrankungsfall dauerte länger. Während in den Jahren 1890 bis 1894 ein Erkrankungsfall durchschnittlich 17 Tage umfasste, lag der Wert bei Kellnern bei gut 29 Tagen. Auch soll die Sterblichkeit unter Kellnern außergewöhnlich hoch gewesen sein. Mehr als 52,8 Prozent der verstorbenen Kellner sollen dabei der Tuberkulose zum Opfer gefallen sein, bei den 20- bis 30-Jährigen waren es sogar 62,1 Prozent (bei der männlichen Bevölkerung aller Berufsklassen rund 46 Prozent). Danach folgten als Todesursachen von Kellnern Lungen- und Herzkrankheiten, Selbstmord (über 9 Prozent der Todesfälle unter den 20- bis 30-jährigen Kellnern, 4,5 Prozent der Todesfälle unter allen männlichen Berufstätigen dieser Altersklasse) und Typhus. Die Lebensversicherungsgesellschaften, so hieß es, lehnten die Aufnahme von Kellnern ab. Eine Bestandsaufnahme über den Gesundheitszustand von Kellnerinnen im Bereich der Ortskrankenkasse Baden 1903 und 1904 führte als die am weitesten verbreiteten Krankheiten Erkältungskrankheiten, Magen- und Darmkatarrh, Blutarmut und Geschlechtskrankheiten auf. Umgekehrt gab von 442 Män-

76 *Reichsgesetzblatt* 1902, S. 33 f.; vgl. Peter (1907) S. 11.

nern, die ein Mannheimer Arzt zwischen 1892 und 1901 wegen Geschlechtskrankheiten behandelt hatte, ein gutes Drittel als Infektionsquelle eine Kellnerin an.[77] Schließlich existierte auch kein Kündigungsschutz, und die Kündigungsfristen waren gering, zumal Kellner und Kellnerinnen, die keine feste Entlohnung erhielten, quasi an jedem Abend mit der Abrechnung der Tageseinnahmen auf die Straße gesetzt werden konnten. Unter diesen Bedingungen – der ungesicherten Zukunft und der unzureichenden Fixlöhne – waren die Kellnerinnen und Kellner von vornherein darauf angewiesen, sich Techniken des Trinkgelderwerbs anzueignen. Das ganze System basierte wesentlich auf Trinkgeldern. Und die Beträge, die dabei umgesetzt wurden, waren nicht gering: Allein für das Berlin der 1890er Jahre wurde die Summe der Trinkgelder auf jährlich 13 Millionen Mark geschätzt,[78] für New York um 1910 auf täglich 100 000 Dollar, das heißt jährlich 36,5 Millionen Dollar; die Schätzungen über den insgesamt in den USA gezahlten Betrag an Trinkgeldern reichten von 200 bis 500 Millionen Dollar im Jahr.[79]

77 *Erhebung über die Arbeits- und Gehalts-Verhältnisse der Kellner und Kellnerinnen*, Tl. 2 (s. Anm. 72) S. 73–76; *Protokolle über die Verhandlungen der Kommission für Arbeiterstatistik vom 12., 13. und 14. Dezember 1899 und die Vernehmung von Auskunftspersonen über die Sonntagsruhe in Binnen-Schifffahrtsbetrieben der Personenbeförderung und in Fährbetrieben*, Berlin 1900 (*Drucksachen der Kommission für Arbeiterstatistik, Verhandlungen*, Nr. 17), S. 59 f.; Flugschrift der Anti-Trinkgeld-Liga (s. Anm. 55); Peter (1907) S. 41 f.; Schmidt (1891/1903) S. 58.

78 Kleinpaul (1898) S. 11. Das Volkseinkommen Berlins lag bei etwa zwei Milliarden Mark.

79 Segrave (1998) S. 23.

Der Kampf ums Trinkgeld

Debatten an der Jahrhundertwende

»Der Kampf wird hart und scharf werden und die Liga hat sich zu einem schweren Streite gerüstet und rüstet noch.« Mit diesen markigen Worten appellierte die am 1. Februar 1902 in Hamburg gegründete »Anti-Trinkgeld-Liga« an die Öffentlichkeit, sich der Bewegung gegen das Trinkgeld anzuschließen, die Abschaffung des Trinkgeldes und die »Einführung einer gerechten Entlohnungsweise für die Trinkgeldarbeiter« voranzutreiben.[80] Die »Anti-Trinkgeld-Liga« hatte nicht lange Bestand. Doch ihre Appelle markierten den Höhepunkt der langen Diskussionen um das Trinkgeld in Deutschland. Am Anfang stand eine nur auf den ersten Blick unscheinbare kleine Schrift des Juristen Rudolf von Jhering aus dem Jahr 1882. Jhering, geboren 1818 im ostfriesischen Aurich, hatte eine akademische Musterkarriere hinter sich, die ihn über die Stationen Basel, Rostock, Kiel, Gießen und Wien 1872 nach Göttingen geführt hatte.[81] Heute ist er nur Fachleuten ein Begriff. Im Kaiserreich dagegen war er nicht nur ein einflussreicher Rechtswissenschaftler, sondern auch ein engagierter Zeitgenosse. Anfänglich noch Vertreter der sogenannten Begriffsjurisprudenz, die im Recht ein Instrument zur Durchsetzung sittlicher Normen sah und einen strikten Rechtspositivismus vertrat, wandte er sich zunehmend einem juristischen Naturalismus zu,

80 »Appell« der Anti-Trinkgeld-Liga, Hamburg [1902], Staatsarchiv Hamburg, Bibliothek, A 507/17.

81 Zu v. Jhering der Beitrag von L. Mitteis in: *Allgemeine Deutsche Biographie*, Bd. 50, Leipzig 1905, S. 652–664; Okko Behrends (Hrsg.), *Rudolf von Jhering. Beiträge und Zeugnisse aus Anlaß der einhundertsten Wiederkehr seines Todestages am 17.9.1992*, Göttingen 1992.

der zur Interessenjurisprudenz hinführte. Das Recht begründete sich demnach aus den gesellschaftlichen Konstellationen und Interessen. Die Justiz musste die Haltung des Gesetzgebers in gesellschaftlichen Konflikten erkennen und das Gesetz dementsprechend auslegen. Dabei ging es Jhering auch immer um rechtsphilosophische Fragen. Vor allem in der kleinen, aber wirkungsvollen Schrift *Der Kampf um's Recht* aus dem Jahr 1872 wurde das deutlich. Das Motto »Im Kampfe sollst du dein Recht finden« gab schon die These vor. Aufgabe des Rechts sei es nicht, an die Stelle des Konflikts zu treten, den Kampf also zu vermeiden, wie zahlreiche Rechts- und Staatstheoretiker meinten, es verhalte sich vielmehr genau umgekehrt: Der Kampf müsse mit Hilfe des Rechts geführt werden. Es sei nicht nur das Recht, sondern geradezu die Pflicht des Einzelnen, sein subjektives Recht mit Hilfe der Justiz durchzusetzen. Auch bei Prozessen um vermeintlich geringe Werte gehe es in Wirklichkeit »um einen idealen Zweck: die Behauptung der Person selbst und ihres Rechtsgefühls«. Der Prozess werde dabei für den Kläger »aus einer bloßen Interessenfrage zu einer Charakterfrage: Behauptung oder Preisgebung der Persönlichkeit«. In diesem Sinn schloss Jhering mit Goethes *Faust*: »Das ist der Weisheit letzter Schluß: / Nur der verdient sich Freiheit wie das Leben, / Der täglich sie erobern muß.«[82]

Eine solch kämpferische Einstellung demonstrierte Jhering in einer kleinen Abhandlung mit dem Titel *Das Trinkgeld*, die er erstmals 1882 in *Westermann's Illustrirten Deutschen Monatsheften* und noch im selben Jahr als eigenständige Schrift veröffentlichte. Drei Unsitten seiner Zeit meinte Jhering feststellen zu können: das Duell, den Leichenschmaus und das Trinkgeld. Letzteres sei weniger ein Thema der Jurisprudenz als vielmehr der Ethik und der Nationalökonomie. Jhering ging es um die Sitte, verstanden als eine durch »das Moment der sozial verpflichtenden Kraft« »mittels der moralischen Zwangsgewalt der öffentlichen Meinung« verstetigte Gewohnheit.[83] Dabei beanstandete er an

82 v. Jhering (1882/1902) S. 78f., 151.
83 Ebd., S. 14f.

Rudolf von Jhering, 1884

erster Stelle »Inkonsequenz und Willkür«, erhalte doch beispielsweise der Postbote, »der in großen Städten wie ein gehetztes Wild den ganzen Tag treppauf, treppab läuft, bei Regen und Wind, Frost und Hitze sich abmühen muß, [...] höchstens zu Neujahr ein Pauschquantum, das [...] im schreienden Mißverhältnis steht zu der Einnahme, welche der Oberkellner in großen Gasthöfen aus den Trinkgeldern bezieht«.[84] Die Ursache des Trinkgeldes sah Jhering schlicht im »Egoismus«, im »Eigennutz – der Mann, der das erste Trinkgeld gab, bezweckte etwas für sich damit«.[85] Ob bei der Droschkenfahrt oder im Gasthof, jeweils ziele der Kunde darauf, durch Trinkgelder die Beförderung zu beschleunigen und zu verbessern, die Bedienung angenehmer und schneller zu gestalten, einen besseren Platz oder ein volleres Glas zu erhalten. Der Kunde, beziehungsweise Gast, habe also eine Sitte erzeugt, die dann vom Trinkgeldnehmer wiederum aus Egoismus am Leben erhalten wurde. Auch die Wirte hätten die Sitte am Leben erhalten, weil sie davon profitierten. Entweder hätten sie ihr Personal zur Ablieferung der Trinkgeldeinnahmen aufgefordert oder den Lohn gekürzt und die Kellner auf das zu erwartende Trinkgeld verwiesen. Zudem seien einträgliche Positionen im Gastgewerbe sogar regelrecht an Kellner verpachtet worden. Und schließlich sei zwar von manchen Gastwirten das Trinkgeld pauschal als »Servis« auf die Rechnung aufgenommen worden, aber dies nur mit dem Effekt, dass von einzelnen Bedienten Trinkgelder noch darüber hinaus gefordert worden seien, weil sie in der Verteilung des pauschalierten »Servis« nicht eingeschlossen waren.[86]

Jhering wies aber noch auf einen anderen Aspekt hin, der die Trinkgelddebatte im späten 19. Jahrhundert über die schon in früheren Jahrhunderten geäußerte Kritik an Willkür und Erpressung hinaus besonders charakterisierte, nämlich »die moralische Einwirkung des Trinkgeldes auf den Empfänger«. Das Trinkgelderwesen sei »eine durch die Sitte organisierte Art der Bettelei«, doch »der sich seines Werts bewusste Mann bettelt nicht«, denn: »Jeder

84 Ebd., S. 25.
85 Ebd., S. 27.
86 Ebd., S. 32–38.

Bettel setzt innere und äußere Demütigung voraus«. Arbeit und Erwerb stünden hier in keinem vernünftigen Verhältnis. Rechtschaffene Arbeit befriedige den Mann, stärke »Rechtsgefühl« und »Arbeitstrieb« gleichermaßen. Trinkgeld dagegen fördere »knechtische Gesinnung«, »Habgier« und »falsch berechnete Freundlichkeit«.[87] Kurz: Das Trinkgeld untergrabe Sittlichkeit und Moral. Jhering ging aber noch weiter. Er präsentierte eine ganz erstaunliche Geschichte, die er in einem deutschen Badeort erlebt habe. Jeden Abend, wenn die Gäste längst zu Bett gegangen seien, träfen sich dort »die Oberkellner aus den vornehmsten Gasthöfen«, »die Aristokratie der Kellnerwelt«, um ihre enormen Einnahmen aus Trinkgeldern in ausufernden lautstarken Gelagen zu verbrauchen.

> Jetzt spielen sie den Herrn, und sie lassen es an dem, was dazu gehört, nicht fehlen. Gewöhnlicher Wein ist für sie zu gemein, Champagner muß es sein, und er fließt in Strömen; ein Hasardspiel sorgt für angemessene Unterhaltung, das Geld rollt, und die Orgien dehnen sich oft bis zum frühen Morgen aus.[88]

Was Jhering daran besonders störte, war nicht der Lärm, sondern die verkehrte Welt, der Karneval der Kellner, der Mummenschanz des Kapitalismus: die Tatsache, dass nunmehr die Kellner wie die bürgerlichen Touristen Geld mit beiden Händen ausgaben, dass sie in der Nacht feierten, spielten und tranken wie am selben Abend zuvor die Herren. Der Sinn des Trinkgeldes, die Distanz zwischen den Ständen, schien gewissermaßen aufgehoben, der Besitz von Geld stellte die Hierarchie auf den Kopf. Verleitet durch den übermäßigen Erwerb, »der sich außerhalb des normalen Verkehrs bewegt, bei dem der Gewinn, den er abwirft, in keinem Verhältnis steht zu dem Einsatz, durch den er erzielt wird«,[89] versuchten die Dienstboten, in die Rolle der Herrschaft zu schlüpfen.

87 Ebd., S. 51, 58 f.
88 Ebd., S. 51 f.
89 Ebd., S. 54.

Jherings kleine Abhandlung erlebte schon im Kaiserreich mehrere Auflagen, sie galt bald als Fanal in der Diskussion über das Trinkgeld. Immerhin hatte der *Brockhaus* in seiner 11. Auflage von 1868 das Stichwort »Trinkgeld« noch gar nicht aufgeführt. Innerhalb weniger Jahre rückte das Trinkgeld nun in den Mittelpunkt einer erregten öffentlichen Debatte. In einer Fülle von Zeitungsartikeln, Leserbriefen, Karikaturen und Flugschriften wurde während der folgenden Jahrzehnte bis zum Ersten Weltkrieg die Praxis des Trinkgeldzahlens attackiert. Die meisten Autoren beriefen sich auf Jhering. Seine Argumente wurden aufgegriffen, erweitert und um zahlreiche Beispiele ergänzt. Folgt man diesen Darstellungen, so nahm das Trinkgelderwesen scheinbar unaufhaltsam zu. In der Sicht der Zeitgenossen forderten immer weitere Gruppen Trinkgelder. Immer absurdere Beispiele wurden angeführt, vor allem immer neue und manchmal abwegig erscheinende Rechtsfälle rund um das Trinkgeld erörtert.

Wichtig war die Frage der rechtlichen Qualität des Trinkgeldes zunächst für Versicherungen. So entschied das Reichsversicherungsamt in einem konkreten Streitfall, der Unfall-Angelegenheit eines Straßenbahnschaffners, dass die – geschätzten – Trinkgeldeinnahmen des Schaffners in die Rentenberechnung einzubeziehen seien, weil sie »zum Gehalt im Gesetzessinne« zählten.[90] Jedenfalls war strittig, ob das Trinkgeldereinkommen bei der Versicherungspflicht eines Lohnempfängers einzurechnen sei. Dieselbe Frage wurde auch in anderen Ländern wie Frankreich immer neu diskutiert, denn auch dort konnte gerade im Gastwirtschaftsbetrieb der Angestellte weitgehend auf Trinkgelder angewiesen sein, ohne einen nennenswerten fixen Lohn zu erhalten.[91] Ein ähnliches Problem stellte sich bei der Steuerpflicht. Die deutsche Rechtsprechung der Jahrhundertwende tendierte zunehmend dazu, Trinkgelder dann für steuerpflichtig zu erklären, wenn der Empfänger auf sie als wesentlichen Teil des Einkommens neben dem Lohn oder sogar anstatt des Lohnes an-

90 *Ohne Trinkgeld. Organ der Anti-Trinkgeld-Liga* 1 (1903) H. 1, S. 3, ein Exemplar in: Staatsarchiv Hamburg, Bibliothek, Z 760/8.
91 Reverdy (1930) S. 64f.

gewiesen war. Bei Straßenbahnschaffnern allerdings wurde das vom Oberverwaltungsgericht gerade verneint. Die Rechtslage blieb jedenfalls bis 1914 unübersichtlich.[92]

Die Grundfrage war aber, ob das Trinkgeld tatsächlich eine freiwillige Zahlung darstellte, wie Jhering – auch der begrifflichen Klarheit halber – behauptete. In der Praxis war diese Unterscheidung schwer aufrechtzuerhalten, weil Leistungen mit Trinkgeld bezahlt wurden, die nicht nur auf keine andere Art vergütet wurden, so dass der Bediente auf das Trinkgeld zwingend angewiesen war, sondern die auch nach allgemeiner und juristischer Einschätzung als zu vergütende Tätigkeit angesehen wurden. Selbst wenn es sich beim Trinkgeld nicht um die ausschließliche Einnahmequelle handelte, trug es doch wesentlich zum Einkommen bei. Häufig kam es im Kaiserreich zu Prozessen um eingeforderte Trinkgelder. Da ging es beispielsweise um einen Berliner Fuhrunternehmer, der einen Umzug besorgt hatte. Dem verblüfften Kunden teilte er bei der Abrechnung mit, er habe mit ihm einen Vertrag nur über das Fuhrwerk geschlossen, nun sei für die Arbeiter und ihn selbst noch ein Trinkgeld fällig. Das setzte der Spediteur durch, indem er das Umzugsgut des zahlungsunwilligen Kunden kurzerhand wieder auf die Straße stellte. Der Staatsanwalt hielt das für Erpressung, und in diesem Fall bekam der Kunde recht.[93] Es hing aber von der konkreten Konstellation ab, wie entschieden wurde; Rechtssicherheit gab es hier nicht.

Die Frage, ob Trinkgeld regelrecht eingefordert werden durfte, konnte dann bejaht werden, wenn vereinbart war, eine bestimmte Dienstleistung gegen ein Trinkgeld zu erfüllen. Dadurch war eine vertragliche Vereinbarung zustande gekommen. Für Kellner wurde dies zumeist verneint, weil kein selbständiger Arbeitsvertrag zwischen Bedienung und Gast bestand. Doch gerade für das Hotel- und Gastwirtschaftsgewerbe gab es angesichts der verworrenen Anstellungsverhältnisse der verschiedenen dort Tätigen, die zum Teil ihrerseits wieder Hilfskräfte entlohnten, sehr wider-

92 Lange (1913) S. 41–47.
93 Kleinpaul (1898) S. 75.

sprüchliche Urteile und Einschätzungen.[94] In der Zeitschrift *Das Recht. Rundschau für den deutschen Juristenstand* erörterte der Freiburger Rechtsanwalt Eugen Josef 1905 das Thema »Kellnerin und Gast«, 1907 die Variante »Hausknecht und Gast«, nunmehr mit dem Untertitel: »Ein Beitrag zur Lehre vom Trinkgeld«. Im ersteren Fall ging es um das für die Trinkgeldfrage wichtige Dreiecks-Verhältnis zwischen Wirt, Kellner beziehungsweise Kellnerin und Gast. Der Gast hatte nämlich in einem Gasthaus sein Abendbrot zu sich genommen, das ihm »die dort wartende Kellnerin Flora Schulze« brachte.

> Diese ist, als ich eine Stunde später meine Zeche von 2 Mark bezahlen will, nicht anwesend, wohl aber die ihr täuschend ähnliche Mitkellnerin Ida Müller und ich bezahle an diese die 2 Mk., indem ich irrig annehme, sie habe mir die Speisen und Getränke verabreicht. Nach 2 Tagen erhalte ich von der Kellnerin Flora Schulze die Aufforderung, an sie meine Zeche von 2 Mk zu bezahlen.

Hintergrund war die seinerzeit übliche – und heute noch beim Münchner Oktoberfest angewandte – Praxis, dass die Kellnerin »die von den Gästen bestellten Speisen und Getränke vom Wirt nur gegen bar erhalte, d. h. daß sie ihrerseits den Betrag der bestellten Waren dem Wirt bar bezahlen« musste. Die Kellnerin war also Zessionarin des Wirts, und daher vertraten Wirt und Kellnerin die Auffassung, dass »der Gast lediglich mit der Kellnerin in ein rechtliches Verhältnis trete, nicht aber mit dem Wirt«. Aus juristischer Sicht aber war die Kellnerin Angestellte des Wirts, der Wirt war demnach der Vertragspartner des Gastes, er hatte aber der Kellnerin die Rechte übertragen, der Gast war demnach nur verpflichtet, die Zeche bei der Kellnerin zu bezahlen. In der Schlussfolgerung hieß das für den Autor auch: »Stirbt die Kellnerin plötzlich während des Bedienens, so gehen ihre Forderungen gegen die Gäste auf ihren Erben über und wenn der

94 Lange (1913) S. 50–55.

Wirt hier von den Gästen Zechschulden einfordert, so handelt er nur als Geschäftsführer des Erben.«[95]

So kurios die Erwägungen sein mochten, so wichtig war doch die Frage, ob das Personal in Hotel und Restaurant in ein direktes Vertragsverhältnis mit dem Gast trat. Denn das, was der Gast für freiwilliges Trinkgeld hielt, konnte aus der Sicht des Angestellten zur Zahlungsverpflichtung werden. Darauf deutete der zweite Fall, »Hausknecht und Gast«, hin. Eugen Josef berichtete darüber:

> Ich habe in einem feinen Gasthaus eine Woche gewohnt und bei meiner Entfernung die mir vom Gastwirt überreichte Rechnung von 14 Mk. für Beherbergung und 20 Mk. für Speisen und Getränke bezahlt. Jetzt teilt mir der »Hausknecht aus Nubierland« brieflich mit: er habe mir die ganze Woche hindurch die Kleider und Stiefel, die ich an jedem Abend in der üblichen Weise vor meine Türe gehängt hatte, täglich gereinigt, auch für mich zwei Gänge zur Post gemacht, und beanspruche von mir 3,50 Mk. Er weist darauf hin, daß er seinerseits die Stelle als Hausknecht vom Gastwirt »gepachtet« habe, von diesem nur Wohnung und Verpflegung, nicht aber Lohn erhalte, sondern vielmehr umgekehrt dem Gastwirt noch wöchentlich 5 Mk. »Pacht« zahlen müsse, folglich keinesfalls jene Dienste den Gästen unentgeltlich leisten müsse.

Ein solcher Konflikt war kein Einzelfall. Doch fällten die Amts- und Landgerichte auch in derartigen Angelegenheiten sehr unterschiedliche Urteile. Sie bezeichneten das Honorar, das sie dem Hausknecht bald zu-, bald absprachen, als »Trinkgeld«. Jedenfalls war die Verpachtung solcher ertragreicher Positionen durch Gastwirte und Hoteliers durchaus üblich, wenn auch die Tatsache, dass der Autor »Pacht« in Anführungszeichen setzte, auf ein Unbehagen der Zeitgenossen hindeutete. Josef betonte nun, dass der Gastwirt dem Gast einerseits auch Leistungen wie die Reinigung

95 Josef (1905).

der Kleider schulde, dass aber andererseits dafür nach aller Üblichkeit anders als beim Stubenmädchen eine besondere Vergütung erforderlich sei und insofern, wie im Fall der Kellnerin, der Knecht rechtmäßig als Zessionar des Gastwirts auftreten und eine Vergütung für seine Leistung unmittelbar vom Gast verlangen könne. Es handele sich also nicht um ein Trinkgeld, sondern um eine rechtlich zu fordernde Zahlung.[96]

Solche Fälle deuteten an, worin die Verunsicherung der Reisenden und Gäste lag: Sie sahen sich vielfältigen Forderungen des Dienstpersonals gegenüber, deren Charakter unklar, deren Rechtmäßigkeit juristisch umstritten und in der Praxis kaum zu überprüfen war. Sie fühlten sich als Opfer des Personals. Das Kaiserreich war nicht nur ein autoritärer Obrigkeitsstaat, in dem die Bürger ihren Standesstolz pflegten, die Unterschichten und das Dienstpersonal verachteten, in dem der bürgerliche Habitus zur Herrschaftsgeste erstarrte. Vielmehr war die Zeit des Kaiserreichs auch eine Übergangszeit, in der um Positionen in der Gesellschaft gerungen und der Vorrang der Honoratioren und Bürger nicht mehr selbstverständlich von unteren Schichten anerkannt wurde. Auch im Kaiserreich wurden insofern die Ansprüche des Dienstpersonals einerseits sowie der Gäste, Kunden und Reisenden andererseits beständig neu ausgehandelt, und die Gerichte, der institutionalisierte Rechtsstaat, waren dabei zwar noch nicht klassenneutral, sie konnten aber durchaus schon gegen die Bürger in Stellung gebracht werden. Die Debatte um das Recht der Dienstboten und Kellner war insofern eine Auseinandersetzung über den gesellschaftlichen Status von Bürgern und Bedienten – und letztlich auch über das Verhältnis der Klassen zueinander.

Die Debatte um *legale* Ansprüche der Bedienten stellte allerdings nur eine, die sichtbare Ebene des Konflikts dar. Auf einer anderen Ebene ging es um die von den Kellnern und Bedienten – unabhängig von der Gesetzeslage, der Rechtsprechung und den Anweisungen der Wirte – als *legitim* verstandenen Ansprüche. Dabei spielten Vorstellungen von Ehre und Status auch der Kell-

96 Josef (1907) Zitat Sp. 116.

ner und Bedienten eine Rolle. Kulturübergreifend, ob in Deutschland, in England oder den USA, wurde immer wieder von besonderen Praktiken der Kellner und Hotelangestellten berichtet, den Anspruch auf Trinkgeld glaubhaft zu machen und trinkgeldunwillige Gäste zu isolieren oder gar zu stigmatisieren. Manche Elemente dieser Praktiken erinnern an frühneuzeitliche Rügebräuche und andere Rituale symbolischer Bestrafung, wie sie in sozialen Protesten immer wieder vorkamen. Kellner verfolgten schon einmal Kunden unter Beschimpfungen bis auf die Straße, wenn sie kein Trinkgeld erhalten hatten. Auch konnte die Aufmerksamkeit des ganzen Lokals geweckt werden, und es wirkte besonders demütigend, wenn der Kellner das als zu dürftig eingeschätzte Trinkgeld eines Gastes vor aller Augen durch den Raum schleuderte. Der Kellner, der beim letzten Gang festlicher Gesellschaftsessen eine Schale oder Platte für das Trinkgeld herumgehen ließ, klapperte demonstrativ mit den Münzen, wenn ein Gast nichts beitragen wollte, und lenkte damit die Blicke der ganzen Runde auf den Geizigen. Gäste, die kein Trinkgeld gaben, mussten damit rechnen, dass ein Krug Wasser über ihnen entleert wurde. In Chicago wurden 1918 gleich 100 Kellner verhaftet unter der Anschuldigung, trinkgeldunwilligen Gästen ein Reizpulver ins Essen gestreut zu haben.[97] Wenn nach privaten Empfängen die Dienstboten des Hauses oder bei der Abreise von Hotelgästen das Personal am Eingang Spalier standen, um das Trinkgeld in Empfang zu nehmen, konnte aus dem Spalier schnell ein Spießrutenlaufen werden, falls der Gast sich dem Trinkgeldzwang zu entziehen versuchte. So geschah es bei dem oben erwähnten Moskauer Beispiel: Der Gast weigerte sich, die angetretenen zwanzig Bediensteten mit Trinkgeld zu versorgen, und musste dann sein Gepäck selbst durch ihr Spalier in den Wagen tragen.

Das wirkungsvollste Mittel gegen Trinkgeldverweigerer war allerdings eines, von dem gar nicht klar war, ob es sich nicht bloß um eine bürgerliche Wahnvorstellung handelte. Wiederholt wur-

97 Segrave (1998) S. 14.

de nämlich, und zwar wiederum staatenübergreifend, berichtet, dass Hotelbediente das Reisegepäck von Trinkgeldverweigerern insgeheim mit Symbolen markieren würden, die wiederum nur Hotelbediente weltweit verstünden. Solche Geschichten kursieren übrigens noch heute. So wurde behauptet, dass ein Pfeil zum Schloss hin großzügige Trinkgelder, ein Pfeil zur Ecke hingegen Trinkgeldverweigerer ankündige.[98] Wo immer dieser letztere Gast nun hinkomme, werde er nachlässig und unhöflich bedient oder auch ignoriert und sein Koffer nicht transportiert oder gar »versehentlich« fallen gelassen. Die Kellner und Dienstboten waren also nicht macht- und hilflos, sie hatten ihre eigenen, zumindest in den auf Etikette bedachten Gesellschaften wie der deutschen höchst wirkungsvollen Mittel, um ihren Vorstellungen legitimer Ansprüche Nachdruck zu verleihen. Der souveräne Bürger wurde dabei öffentlich bloßgestellt. Um das zu umgehen, musste er sich von vornherein großzügig zeigen – und hatte damit den Kampf schon verloren. All das führte zu immer erstaunlicheren Verschwörungstheorien über die weltweite Zusammenarbeit aller Hotelbedienten, ihre geheimen Symbole, Treffen und Gelage. Die bürgerlichen Kampfschriften gegen das Trinkgeld waren insofern auch Reaktionen auf öffentliche Demütigungen, die ein Trinkgeldverweigerer erfahren musste, und Widerspiegelungen der Ängste um den eigenen Status in der Gesellschaft. Der Kampf ums Trinkgeld war ein Konflikt um Status und Ehre.

Die Fronten in der Trinkgelddebatte waren allerdings keineswegs eindeutig. Selbst bei Gastwirten und Kellnern waren die Meinungen geteilt. In manchen Schriften wurde über die Praxis von Gastwirten berichtet, die Trinkgelder von den Kellnerinnen und Kellnern einzufordern. In der Mehrheit wollten Gastwirte jedenfalls an Trinkgeldern festhalten, hofften sie doch auf diese Weise die Löhne niedrig halten zu können. Manchmal allerdings klagten Wirte, dass ihre Kellner dank der Trinkgelder mehr verdienten als sie selbst. Tatsächlich wollten auch die Kellner in der Mehrheit zunächst an der Trinkgeldpraxis nicht rütteln, ihre In-

98 Bader (1914) S. 38.

teressenverbände nahmen zum Beispiel öffentlich gegen Jherings Buch Stellung. Doch waren die sozialen Unterschiede erheblich, je nach Standort und Niveau des Etablissements, in dem der Kellner arbeitete, waren unterschiedliche Trinkgelderträge zu erwarten. Vor allem gab es auch unter den Kellnern eine gewerkschaftlich orientierte Bewegung. Anfang der 1880er Jahre entstand die »Vereinigung zur Bekämpfung des Trinkgeldwesens«, die vor allem von Hotelkellnern getragen wurde. In Veröffentlichungen zur Trinkgeldfrage erörterte der Verein die Notwendigkeit eines festen, angemessenen Gehalts.[99] Die Abhängigkeit von Trinkgeldern führe zu Berechnung, Anpassung und falscher Freundlichkeit, zu moralischem Verfall und Demütigung, »denn viele geben das Trinkgeld nicht einzig für wirkliche Dienste, sondern bemessen es nach dem Grade der bei der Verrichtung der Dienstleistung zur Schau getragenen Unterwürfigkeit«.[100] Diese – ja auch von Jhering und anderen beklagte – Wirkung widerspreche Status und Ehre des Kellners.

Auch der freigewerkschaftlich orientierte »Verband der Gastwirtsgehilfen« und die *Sozialistischen Monatshefte* sprachen sich gegen die herrschende Trinkgelderpraxis aus und verlangten angemessene Löhne, die Trinkgelder und die moralische Selbstdemütigung des Bedienungspersonals überflüssig machen sollten. Hugo Poetzsch, sozialistischer Politiker, von 1898 bis 1912 Vorsitzender des »Verbands der Gastwirtsgehilfen«, zeitweise Redakteur des *Vorwärts* und des *Gastwirtsgehilfen*, tat sich hier durch zahlreiche Publikationen über die Lage der Angestellten im Gastwirtschaftsgewerbe hervor und setzte sich auch kritisch mit Hintergründen und Folgen des Trinkgeldgebens auseinander. Ein Kongress der gastwirtschaftlichen Angestellten Deutschlands verurteilte in einer Resolution das Trinkgeld. In den Restaurationsbetrieben der Gewerkschafts- und Volkshäuser wurde nach zeitgenössischen Erhebungen weniger Trinkgeld gegeben, und dies nicht nur wegen der materiellen Lage der Gäste, sondern vielfach

99 Beispiel: Albrecht (1883).

100 *Zweite Flugschrift der Vereinigung zur Bekämpfung des Trinkgelderwesens*, Karlsruhe 1885, S. 17.

Hugo Poetzsch, 1898 bis 1912 Vorsitzender des »Verbands der Gastwirtsgehilfen«

aus prinzipiellen Erwägungen. Dafür erhielten die Kellner hier zumeist höhere Löhne. Jedenfalls hofften die Kritiker des Trinkgeldes, dass sich gerade die organisierte Arbeiterbewegung gegen die Trinkgeldpraxis und für bessere Löhne im Gastgewerbe engagieren würde, war der vereinzelte, bloß auf Maximierung seiner täglichen Trinkgeldeinnahme bedachte Kellner doch kaum ein klassenbewusster Vertreter seiner Berufsgruppe. Vor allem aber verstanden die sozialistischen Kellnerorganisationen Kellner primär als Arbeiter und Opfer kapitalistischer »Profitsucht«, der nur eine klassenbewusste Auseinandersetzung beikommen könne. Deshalb proklamierten sie: »Krieg dem Unternehmerthum, welches uns ausbeutet!« Das Trinkgeld war dabei nur ein Teilproblem, anderes, nämlich die kommerzielle Stellenvermittlung, das Lehrlingswesen, die Unterbringung, die Arbeitsbedingungen und die Gesundheitsverhältnisse, erschien ebenso wichtig. Der bürgerliche Kampf ums Trinkgeld konnte in dieser Perspektive leicht als Versuch ausgelegt werden, den Kellnern auch noch die letzten Einnahmen zu entziehen. Mit »Harmonie-Aposteln« vom Schlage des Pfarrers Hermann Friedrich Schmidt, der 1891 »Kellners Weh und Wohl« beschrieb und auf eine paternalistisch-christliche Lösung baute, um die Kellner aus ihrem Elend herauszuführen und sie vor Versuchungen zu schützen, hatten die Kellnerverbände wenig im Sinn.[101] Allerdings erzielten die sozialistischen und gewerkschaftlichen Versuche zur Organisation und Agitation unter den Kellnern vorerst wenig Wirkung.

Eine nicht unbeträchtliche öffentliche Resonanz fanden einige bürgerliche Initiativen. Das ausufernde Trinkgelderwesen berührte in vielfacher Hinsicht das Gesellschaftsbild des Bürgertums. Im Zusammenhang von ökonomischer Willkür und moralischem Verfall schienen sich die Probleme der gesellschaftlichen Entwicklung zu bündeln. Nach den Anfängen der bürgerlichen Sozialreform im Bismarck-Reich war die wilhelminische Epoche eine Zeit der großen Reformbewegungen, die eine soziale und sittliche Erneuerung der deutschen Gesellschaft forderten. 1891 wurde von

101 Ebert/Hoffmeyer (1892) S. 5, 8, 15, 25.

Vertretern der Historischen Schule der Nationalökonomie der »Verein für Socialpolitik« gegründet, der eine Verbesserung der Lage der Arbeiterschaft durch Sozialreformen anstrebte. Jherings Schrift stand im Kontext derartiger Bestrebungen für eine Sozialreform, die mittels bürgerlichen Engagements und patriarchalischer Anleitung materielle Lage und kulturellen Stand der Arbeiterschaft heben wollte. Die wilhelminischen Lebensreformbestrebungen gingen noch weiter. Sie verlangten die innere Erneuerung des Einzelnen, einen neuen, moralisch durchwirkten Lebensstil, ein neues Verhältnis zu Kultur und Natur. Enthaltsamkeit bei Alkohol und Sexualität spielte dabei eine besondere Rolle. »Die alte deutsche Volksweisheit warnt vor dem dreifachen W: ›Wein, Weib und Würfelspiel‹«.[102] Das Trinkgeld galt als Türöffner für Alkoholismus, sexuelle Zügellosigkeit und Prostitution. Bürgerliche Reformvereine wie der 1878 gegründete »Deutsche Verein gegen den Missbrauch geistiger Getränke« und Organisationen wie die von religiösen und freimaurerischen Ideen gleichermaßen beeinflussten »Guttempler« bekämpften den Alkoholismus. Die Abstinenzbewegung verfocht – auch gegen die »Realpolitik« der Mäßigkeitsbewegung (Temperenz) – eine grundlegende gesellschaftliche Reform. Sie wandte sich zugleich gegen das Milieu, das den Alkoholismus zu erzeugen schien, und gegen das Trinkgelderwesen, das als Folge und Motor des Alkoholkonsums zugleich beurteilt wurde.[103] Auch Jugendbewegung und Pfadfinder verurteilten das Trinkgeld als Ausdruck der Kommerzialisierung und Entwürdigung menschlicher Beziehungen; für Robert Baden-Powell, den britischen General und Begründer der »Boy Scouts« (1907/08), stand derjenige, der ein Trinkgeld annahm, auf einer Stufe mit Bettlern, die Almosen erhielten.

Christliche Hospize und Gaststätten begannen mit der Abschaffung beziehungsweise Ablösung des Trinkgeldes, 1892 mach-

102 Schmidt (1891/1903) S. 73.

103 Beispielhaft die Kontroverse zwischen Hans von Gerlach, »Alkoholismus, Anti-Alkoholismus und Realpolitik«, in: *Die Zeit. Nationalsoziale Wochenschrift* 2 (1902) S. 196–200, und Otto de Terra, »Krieg dem Alkohol!«, in: ebd., S. 301 f. Vgl. Spode (1993) S. 204–212, 219–221, 249, 376–378.

te die Berliner Stadtmission in ihren Hospizen den Anfang, was Deutschland anging. Der in Frankfurt am Main gegründete »Christliche Kellnerbund« forderte in seinem Organ, dem *Kellnerfreund*, ein gesetzliches Verbot des Trinkgeldsystems. Seit der Jahrhundertwende entstanden weitere Reformhotels, alkoholfreie und vegetarische Speisehäuser, die ebenfalls an der Stelle des Trinkgeldes eine Pauschale, ein sogenanntes Bedienungsgeld, als Ablösung dem Gast in Rechnung stellten und von denen einige, nicht alle, ihrem Personal untersagten, zusätzliche Trinkgelder anzunehmen.[104] Insgesamt handelte es sich freilich um eine verschwindend kleine Zahl: In Berlin kamen 1910 auf 1000 Einwohner 7,7 Schankstätten, aber nur 0,1 alkoholfreie Lokale, und zwar einschließlich der Wasser- und Milchbuden. In anderen Großstädten war das Verhältnis etwas günstiger.[105]

Schankstätten in deutschen Städten 1910 (je 1000 Einwohner)

Stadt	Schankstätten (einschließlich alkoholfreier Lokale)	Alkoholfreie Lokale
Berlin	7,7	0,1
Dresden	6,0	0,7
Frankfurt a. M.	7,2	0,7
Hamburg	5,9	0,2
Köln	4,0	0,7
Leipzig	4,6	0,4
München	5,3	0,6
Stettin	5,3	0,2
Stuttgart	6,0	0,3

Anfang des 20. Jahrhunderts bildete sich in Hamburg eine neue Initiative, die erwähnte »Anti-Trinkgeld-Liga«. 1903 erschien das erste Heft des geplanten Periodikums, das grundsätzliche Ziele der Liga erläuterte und Nachrichten zum Thema enthielt. Weitere Veröffentlichungen folgten. Die Mitgliedschaft war überwiegend bürgerlich, und zwar bildungs- und kleinbürgerlich, ge-

104 Flugschrift der Anti-Trinkgeld-Liga, Hamburg [1902], Staatsarchiv Hamburg, Bibliothek, A 507/17; *Ohne Trinkgeld. Organ der Anti-Trinkgeld-Liga* 1 (1903) H. 1, S. 4. Zu den Ergebnissen der Reformbemühungen: Heyde (1914).

105 Die Angaben und die folgende Tabelle nach: Tappe (1987) S. 220.

prägt. Vorsitzender war der Hamburger Rechtsanwalt Max Roosen. Zu den Mitgliedern zählten zahlreiche Pastoren, viele Lehrer, Rechtsanwälte und andere Juristen, einige Ärzte, wenige Universitätswissenschaftler und erstaunlich viele Post- und Eisenbahnbeamte. Kaufleute und Handwerker fehlten weitgehend, ebenso Gastwirte. Immerhin trat der Vorsitzende des »Vereins der vereinigten Gast- und Schankwirte Hamburgs« bei. Ferner schloss sich der »Verband der Gastwirtsgehilfen« korporativ an.[106] Von der Ausrichtung her war der Verein eher ein ideeller Interessenverband und Teil der vielfältigen Vereins- und Reforminitiativen an der Jahrhundertwende, welche die kulturelle Verbesserung der Gesellschaft, die sittliche Läuterung und die soziale Absicherung als untrennbar verbundene Elemente verstanden. Das Misstrauen galt dem freien Spiel der wirtschaftlichen Kräfte, dem ungezügelten Egoismus, wie er sich im liberalen Gesellschaftsmodell niederschlug. Gedankensplitter des kaiserzeitlichen »Kathedersozialismus« der Nationalökonomen sowie der Wohn- und Bodenreform tauchten auch hier auf. Der bürgerliche Sozialstaat als ordnender und fürsorgender Staat zeichnete sich ab. Eine wirkliche Vernetzung mit den zeitgleichen Initiativen wie der Heimatschutzbewegung, den Touristen- und Wandervereinen und dann der Jugendbewegung gelang aber nicht. Sosehr auch die Heimatbewegung eine neue Haltung zum Reisen als Landschaftserlebnis anstrebte, war doch gerade in den Touristenvereinen der Einfluss der Gastwirte nicht unbeträchtlich – die strittige Frage der Trinkgelder, von denen nun bislang marginalisierte Regionen profitierten, konnte hier keine herausragende Rolle spielen.

Ein wesentliches Problem war freilich auch, dass allen Initiativen ein Ansatzpunkt fehlte, ohne staatlich-gesetzlichen Eingriff Trinkgelder zu beseitigen. Weder Wirte noch Kellner oder Gäste waren jeweils untereinander einig und zogen an einem Strang, schon gar nicht konnten sie sich miteinander verständigen. Die Situation der Bewirtung war und ist eine höchst persönliche Konstellation. Bereits Jhering hatte daher eine Strategie entworfen,

106 Liste der Mitglieder in Hamburg, Altona und Wandsbek: Staatsarchiv Hamburg, Bibliothek, A 507/17.

wie das Trinkgelderwesen zu bekämpfen sei. So empfahl er trinkgeldfreie Hotels und Gaststätten wie den »Schweizer Hof« in Luzern als Vorbild. Die Hotelbetreiber sollten dem Personal die Annahme von Trinkgeld verbieten, zugleich aber eine Lohnerhöhung zugestehen, die Trinkgelder überflüssig machte. Das Domestikentrinkgeld sollte auf die gleiche Art im eigenen Haus und durch Absprachen mit befreundeten Haushalten unterbunden werden. Außerdem sollte ein Verein gegründet werden, der sich der Bekämpfung des Trinkgeldes und der Unterstützung bedürftiger Dienstboten widmen sollte – Letzteres auch, um nicht den Eindruck zu erwecken, die Initiative sei lediglich dem Geiz der Gäste geschuldet.[107] Zwar wurden dann tatsächlich wiederholt Vereine gegen das Trinkgelderwesen gegründet, doch de facto war der Kampf auch zwanzig Jahre nach Jhering noch nicht viel weitergekommen. Die »Anti-Trinkgeld-Liga« wollte sich nun erneut »der erbärmlichen Unsitte« annehmen und die »Trinkgeldarbeiter« zu »Lohnarbeitern« machen. Ein Datum sollte »für alle Länder, alle Städte festgesetzt« werden, »von wo an alle Mitglieder, Anhänger und Freunde der Liga ›trinkgeldfreie Betriebe‹ verlangen und bevorzugen«. Optimistische Siegesprognosen ersetzten im Übrigen die präzise Strategie. »Stadt auf Stadt, Land auf Land werden wir erobern in zähem, unausgesetzten Kampfe.« Man wolle »alle gesetzlichen, rechten und erlaubten Mittel« nutzen. Und gleichzeitig ahnte man die Gefahr, sich mit Initiativen nach Art eines Don Quijote der Lächerlichkeit preiszugeben. »Keine Mühe, kein Spott und Hohn, kein Achselzucken wird uns hindern [...], um unaufhaltsam, über alle Hindernisse hinweg zum Ziele der Trinkgeldabschaffung zu schreiten«.[108]

Tatsächlich wurden die Aussagen der Liga immer extremer. Unter Verweis auf die hohe Arbeitsbelastung, die Selbstausbeutung und daraus resultierende hohe Krankenraten unter Kellnern wurde der moralische Verfall in drastischen Worten geschildert: »Gleichgiltigkeit, Uneinigkeit, Genusssucht treten beim Kellner-

107 v. Jhering (1882/1902) S. 62–72.

108 »Appell« der Anti-Trinkgeld-Liga, Hamburg [1902], Staatsarchiv Hamburg, Bibliothek, A 507/17.

stand als krasseste Übel auf«, »Familienleben, diese Wurzel aller Sittlichkeit, ist dem Kellner versagt«. »Kein Stand steht ferner dem Gotteswesen so gleichgiltig gegenüber, als der Kellnerstand«, »der Trinkgeldfluch macht ihn zum Sklaven seiner Begierden«. Trinkgeld war, kurz gesagt, der »Krebsschaden« der Zeit. Und im Stil zeitgenössischer politischer Aufrufe proklamierte die Liga:

> *Das Trinkgeld ist schuld daran,* dass man das Innenleben und die Moral der Kellner mit Füssen tritt und vernichtet.
> *Das Trinkgeld ist schuld daran,* dass der Staat nicht eingreift in die Verhältnisse des Wirtschaftsgewerbes, da ein so tief eingewurzeltes Übel sogar der Staat als Konstitution achtet, der gegenüber Gesetze machtlos sind.
> *Das Trinkgeld ist schuld daran,* dass den Kellnern gegenüber Hekatomben von Menschenopfern der sinnlichen Lust, der Gier, der Ausschweifung gebracht werden.
> *Das Trinkgeld ist schuld daran,* dass die Kellner nicht nur, sondern alle männlichen und weiblichen Hotelangestellten wie Citronen ausgepresst werden, samt der ganzen Hotelindustrie. Über Leichen geht die grausame Welt und merkt es nicht.[109]

Ungeachtet der teilweise unfreiwillig komischen Metaphern (von der Zitrone zur Leiche) und Zuspitzungen waren die Autoren derartiger Zeilen keine Außenseiter, sondern engagierte Zeitgenossen. Ihre Argumente und Motive verdienen deshalb noch nähere Betrachtung. Die materielle Frage, das Problem einer angemessenen und gerechten Entlohnung, wurde immer wieder angesprochen, stand aber letztlich doch im Hintergrund, denn man war sich keineswegs einig, ob das Trinkgelderwesen im Schnitt dem Personal finanzielle Vorteile oder Nachteile verschaffe. Wichtiger war, dass es beruflich ungerecht, gewissermaßen auf der Basis fachfremder Kriterien, vergeben wurde (Lage des Hotels, soziale Zusammensetzung der Kundschaft, Anbiederung und

109 Flugschrift der Anti-Trinkgeld-Liga, Hamburg [1902], Staatsarchiv Hamburg, Bibliothek, A 507/17 (Hervorhebungen im Orig.).

falsche Freundlichkeit des Kellners) und dass es unsicheren, eher spekulativen Gewinn versprach. Das alles untergrabe die Moral; »das Trinkgeld muß um der Ehre des Kellnerstandes willen verschwinden!«[110]

Gefährdet schien zunächst die Jugend. Habe doch, so Joseph Voltz 1902 in einer von der »Anti-Trinkgeld-Liga« herausgegebenen Broschüre, »schon der vierzehnjährige Lehrling« hier »Einkünfte, die [...] unkontrollierbar sind, weil sie zufällig und unbestimmt sind«. Das fördere die Versuchung, »heimlichen kleinen Lüsten zu fröhnen, welche später gar leicht zu grossen Lastern werden«. Es ging also um den »verderblichen Einfluss auf die moralische Entwicklung des heranwachsenden Jünglings«. Der erwachsene Kellner wiederum sei versucht, »den Lebemann zu seinem Ideal zu machen«, denn »Trinkgeldgewinn ist wie Spielgewinn, leicht verdient und leicht ausgegeben«.[111] Angesichts der Abhängigkeit vom Trinkgeld sei der Kellner auch gezwungen, auf hinreichende Ruhe- und Freizeit zu verzichten. Dies, zusammen mit der Unberechenbarkeit der Einkünfte, mache es Kellnern eben beinahe unmöglich, eine Familie zu gründen und zu versorgen.[112]

Nicht zuletzt aber ging es um »die entsetzliche Wirkung« des Trinkgeldes auf weibliche Angestellte, Kellnerinnen und Zimmermädchen,[113] um das, was unter dem Schlagwort des »Kellnerinnenelends« in zahlreichen zeitgenössischen Publikationen behandelt wurde.[114] Hier verbanden sich vielfältige Vorbehalte. Wiederum standen im Blick die ungewöhnlich hohen Einnahmen, die durch Trinkgelder erzielt werden konnten, also die Kellnerinnen, die »manchmal 1000 Mark im Jahre« für Kleider ausgaben, um »wenigstens einmal alle vierzehn Tage die feine Dame spielen« zu können. Auch dies zielte wie bereits Jherings Einwand auf die

110 Schmidt (1891/1903) S. 33, 38.
111 Voltz (1902) S. 5.
112 Flugschrift der Anti-Trinkgeld-Liga, Hamburg [1902], Staatsarchiv Hamburg, Bibliothek, A 507/17.
113 Voltz (1902) S. 7.
114 Jellinek (1907); Haas (1902); [Schneidt] (1893/1991); Buomberger (1916).

verkehrte Welt, auf die Dienstboten, die Herrschaft spielten. Viele junge Mädchen sähen »nur die glänzende Seite des Kellnerinnenlebens« und hofften »eine sog. gute Partie machen zu können«.[115] Doch den Kritikern ging es um mehr. Schon die »Vereinigung zur Bekämpfung des Trinkgeldwesens« konstatierte in den 1880er Jahren die Demütigung und moralische Gefährdung des weiblichen Personals. Kellnerinnen, die ja in der Regel in Schank- und Gastwirtschaften kaum eine Entlohnung erhielten, seien zu übermäßiger Freundlichkeit oder zu Berührungen bereit, um Trinkgeld zu erhalten, manchmal sogar, so Jhering, zu weitergehenden »nicht näher definierbaren Willfährigkeiten«. Das Trinkgeld erschien also als »ein Beförderungsmittel der Prostitution unter dem Schutze des Wirtes, welcher mit der ›Liebenswürdigkeit‹ seines Dienstpersonals spekuliert«.[116] Gemeint waren damit nicht nur die sogenannten Animierlokale, bei denen ganz offen mit der Attraktivität der weiblichen Bedienungen Kunden angelockt wurden. Auch seriösere Gaststätten wollten durch die vermehrte Einstellung weiblichen Personals den Wünschen der Gäste entgegenkommen – eine Entwicklung, die nicht nur für Deutschland, sondern auch für England und Frankreich berichtet wurde. Schon zur Eröffnung des Café »Kranzler« 1825 in Berlin versprach die Direktion »einem hohen Adel und werthem Bürgerpublikum« auf einem Plakat »Bedienung von zarter Hand«.[117] Tatsächlich gingen im 19. Jahrhundert vor allem Männer ins Gasthaus, erst seit der Jahrhundertmitte begannen auch Bürgerfrauen in Berlin hin und wieder auszugehen, in anderen Städten setzte das erst am Jahrhundertende ein.[118] Insofern war es naheliegend, dass Gastwirte dies in ihr Kalkül einbezogen. Die Kellnerinnen wurden von Agenten vermittelt, und sie wurden regelmäßig ausgetauscht – wiederum im Blick darauf, dass das Interesse der Gäste nicht erlahmen sollte. Kellnerinnen wechselten im Schnitt etwa sechsmal im Jahr ihre Arbeitsstelle.

115 Peter (1907) S. 21, 30.
116 v. Jhering (1882/1902) S. 76 f.; s. a. Peter (1907) S. 34 f., 41–46, 53–55.
117 Rauers (1941) Tl. 2, S. 1341.
118 Ebd., S. 1380.

Gast mit Kellnerin, Zeichnung von Adolph Menzel

Auch der Berliner Nationalökonom Gustav Schmoller, Sozialreformer und »Kathedersozialist«, nicht nur Mitbegründer und Vorsitzender des »Vereins für Socialpolitik«, sondern auch Mitglied des »Deutschen Vereins gegen den Missbrauch geistiger Getränke«, ließ 1890 in seinem bekannten *Jahrbuch für Gesetzgebung, Verwaltung und Volkswirtschaft im Deutschen Reich* ein »bordellmäßiges« Treiben in vielen Schanklokalen monieren, die bewusst weibliche Bedienungen beschäftigten, um »durch Einwirkung auf die Sinnlichkeit der Männer dem Lokal zahlreichere Gäste zuzuführen und die Gäste zu stärkerem Genuß von Getränken, namentlich von geistigen Getränken zu verleiten«. Derartige Kellnerinnen kleideten sich auch »nicht nach der landesüblichen Sitte der Dienstboten, sondern in der Weise der höheren Stände«. Diese Unsittlichkeit und Anmaßung verlangte aus Sicht des *Jahrbuchs* eine Änderung der Gewerbeordnung. Demnach sollten »zur Bedienung der Gäste in den Gast- und Schankzimmern sowie in den Verkaufslokalen der Kleinhandlungen keine Personen weiblichen Geschlechts oder nur gewisse von den Behörden zu bezeichnende Personen weiblichen Geschlechts verwandt werden« dürfen.[119] Diese Forderung wurde 1891 auch von einer Konferenz der Sittlichkeitsvereine in einer Petition an den Reichstag aufgegriffen, von diesem allerdings abgelehnt. Einzelne Städte wie Merane in Sachsen versuchten daraufhin, auf eigene Faust die Anstellung von Kellnerinnen zu verbieten, doch kollidierte das mit der gesetzlich verbrieften Gewerbefreiheit. Durch Meldepflichten und Kontrollen wurde allerdings in weiteren Städten die Anstellung von weiblichem Bedienungspersonal erschwert. Auch in Berlin ergingen 1892 restriktive Bestimmungen zur Beschäftigung von Kellnerinnen, bis hin zu Kleidungs- und Verhaltensvorschriften:

> Die Kleidung der Kellnerin mußte den Hals umschließen und mindestens bis zu den Fußknöcheln reichen, auch durfte sie nicht auffällig sein. Die Kellnerin durfte sich

119 Konzessionierung (1890) S. 523–525.

> nicht in auffälliger Weise an den Fenstern oder der Türe aufhalten, noch Gäste anlocken und zum Trinken animieren, auch durfte sie ihre Gäste nicht veranlassen, ihr oder anderen Bediensteten Speisen oder Getränke zu bezahlen.[120]

Die Debatten über die Zustände in den städtischen Animierlokalen – trotz aller Restriktionen wurde ihre Zahl für Berlin, der »Stadt ohne Nacht«,[121] um 1900 allein auf 5000 geschätzt – rissen nicht ab. In immer neuen Publikationen wurde der Zusammenhang von weiblichem Personal, Trinkgeldern und moralischem Verfall erörtert, so etwa 1899 von dem Generalsekretär der deutschen Sittlichkeitsvereine. Dafür dürfe man aber nicht die Kellnerinnen selbst, »ihren Leichtsinn, ihre Sinnlichkeit, ihren Mangel an Selbstbeherrschung und sittlicher Stärke allein verantwortlich« machen. Vielmehr seien sie »zugleich die Opfer einer Zeit, einer Gesellschaft, welche selbst von Natur und Sittlichkeit abgewichen sind«. Solange »Konkubinen und Maitressen die Attribute von Höfen, Adel, Protzentum, Militär, Hochfinanz sc.« seien, könne man den Kellnerinnen kaum einen Vorwurf machen.[122] Sozialisten kritisierten die Zustände zwischen »Lustsklavinnen« und »Lebemännern und Lustbuben« und das sittliche Versagen der Eliten nicht weniger als bürgerliche Sozialreformer. Besonders verwerflich, so eine sozialistische Kampfschrift zu dem Thema, seien die »reichen und gebildeten Herren«, die »sich fast sportmäßig einer besonderen Brutalität« im Umgang mit den Kellnerinnen bedienten, während die Arbeiter »durchweg viel anständiger« seien. »Das Gefühl der Gleichberechtigung ist weit verbreitet im Arbeiterstande, und es ist hier mehr als Phrase.« Die Ursache des Problems lag nach Wertung der Sozialisten in der Form der Entlohnung; restriktive und patriarchalische Polizeiverordnungen wie in Berlin halfen daher nicht weiter. »Solange den Kellnerinnen für ehrliche Arbeit nicht ein ehrlicher Lohn zu

120 Peter (1907) S. 6f., Zitat S. 7.
121 Rauers (1941) Tl. 2, S. 1384.
122 Henning (1899) S. 7, 17f.

Mitternacht Unter den Linden in Berlin, 1880er Jahre

Theil wird, ist an eine Besserung der hier geschilderten entsetzlichen Zustände nicht zu denken.«[123] Allerdings wollten sich die Sozialisten auf Dauer nicht mit den Kellnerinnen belasten, mit einem heterogenen, ständig seine Zusammensetzung wechselnden Berufsstand, der ohnehin nicht bereit zur gewerkschaftlichen Organisation schien.

Mitte der 1890er Jahre folgten weitere Initiativen, etwa Rundfragen der badischen Regierung bei den Gastwirtschaftsver-

123 [Schneidt] (1893/1991) Zitate S. 7, 16, 18, 37.

bänden, ob auf Kellnerinnen verzichtet werden könne. Nur eine Minderheit konnte sich mit diesem Gedanken anfreunden. 1895/96 richtete der Heidelberger »Verein der Freundinnen junger Mädchen« Petitionen an den Reichstag und den badischen Landtag. Zu den Regelungen, die dabei gefordert wurden (unter anderem: Kellnerinnen sollten mindestens 21 Jahre alt sein und durften Schulden nicht in der Wohnung des Gastes einziehen), gehörte auch der Versuch, das Trinkgeld einzudämmen, indem jeder Wirt verpflichtet wurde, Kellnerinnen nur gegen festen Lohn einzustellen.[124] Die daraus hervorgehenden Debatten führten zu der erwähnten Bundesratsverordnung von 1902, welche die Trinkgeldfrage gar nicht regelte, für alle Seiten unbefriedigend blieb und gerade hinsichtlich der Kellnerinnen nur wenige Einschränkungen verfügte. Diese hatten zum Teil negative Folgen. So entzogen die verordneten Ruhezeiten den Kellnerinnen de facto den Lohn, denn sie lebten ja vor allem vom Trinkgeld.

Aus Sicht der Vertreterinnen einer Reform des Kellnerinnenberufs ging alles ohnehin nicht weit genug. Lina Haas, die von ihrem 14. Lebensjahr an knapp zehn Jahre als Kellnerin gearbeitet hatte, beklagte in einem Beitrag für die nationalsoziale Zeitschrift *Die Zeit* 1902 das Elend der »gequälten modernen Sklavinnen«, die zu Bedingungen und Arbeitszeiten arbeiten müssten, die man Männern in der Industrie nicht mehr zumute. »Siechtum« und »Menschenverachtung« oder »Leichtsinn und frivole Genusssucht« seien die Folgen. Neben der körperlichen Belastung wurde dabei immer wieder die menschliche Herabwürdigung angeführt, die »Geringschätzung« durch den Gast, die sich »in dem hingeschobenen Zehnerl ausdrückt, welches die Beziehungen zwischen Gast und Bedienung zu besiegeln pflegt«.[125] Das Trinkgeld, so auch die Frauenrechtlerin Camilla Jellinek, Gattin des bekannten Heidelberger Juristen Georg Jellinek, in einer Schrift aus dem Jahr 1907, sei der Kern des Übels. Es führe zu willkürlicher Entlohnung, halte die Kellnerinnen in beständiger Abhängigkeit von der Gunst der Gäste und zwinge sie, deren Wünschen jedwede

124 Peter (1907) S. 9.
125 Haas (1902) S. 462, 465.

Nachgiebigkeit zu erweisen; es verstärke zudem die Konkurrenz unter den Kellnerinnen und untergrabe deren Solidarität. Und die gern angeführten Unterschiede zwischen dem heruntergekommenen Norden Deutschlands (einschließlich Berlin) und dem anständigen Süden seien längst überholt: »Wer sich einmal dem Kellnerinberufe ergeben hat, der ist nicht zu retten«, zitierte Jellinek eine süddeutsche Wirtin. Es gebe also nur eine Lösung: »ein vollständiges Aufhören des Kellnerinberufes«.[126] Jellinek focht dafür auch bei den Organisationen der Frauenbewegung, etwa auf dem Bayerischen Frauentag vom Mai 1909, wo sie in einer dann allerdings mehrheitlich abgelehnten Resolution den Kellnerinnenberuf als »staatlich und gesellschaftlich geduldete Gelegenheitsmacherei und Kuppelei« bezeichnete und erneut ein gesetzliches Verbot der Beschäftigung von Kellnerinnen überhaupt verlangte.[127]

Bei den Initiativen bürgerlicher Männer stand allerdings weniger der Schutz der Kellnerinnen vor der Ausbeutung als Prostituierte im Vordergrund als vielmehr die Verteidigung eines Gesellschafts- und Familienbildes, das durch die moderne Mobilität und Freizeitgesellschaft aufgelöst zu werden drohte. In den Gaststätten kamen Frauen und Männer, Ärmere und Wohlhabende zusammen; auf Reisen, in der Ausnahmesituation des Fremdenverkehrslokals, gerieten die Regeln des Alltags in der Heimat ins Wanken. Wiederum schienen die Hierarchien und Ordnungen der bürgerlichen Gesellschaft in Frage gestellt. Neben der Furcht vor dem moralischen Verfall ging es auch um die Abhängigkeit, die latent oder offen sexuelle Beziehungen zwischen Kellnerin und Gast erzeugten. Immer wieder jedenfalls wurde die sittliche Herausforderung in fast genüsslicher Detailfreude geschildert. Das in vielen Publikationen zu spürende Schaudern angesichts der Abgründe, die hinter dem Trinkgeld lauerten, deutete auf einen spannungsreichen und schmerzhaften Prozess der bürgerlichen Neuorientierung im Bereich von Moral und Geschlecht. Die Trinkgelddebatte war hier Indikator eines tiefgreifenden Wandels

126 Jellinek (1907) S. 621, 623, 629.
127 Zit. nach: Poetzsch (1928) Bd. 1, S. 303.

in der Gesellschaft, der auch die Verhältnisse zwischen den Geschlechtern umfasste. Die Irritation ging bis in die Kreise der Kellnerschaft hinein. Als Kellnerinnen 1891 in einem Berliner Lokal erstmals ihre Rechte zur Sprache brachten und dabei die Zustände drastisch schilderten, kommentierten das die zuhörenden Männer »durch faule Witze, durch Kalauer und brutale Cynismen«.[128]

Die Frauenvereine selbst standen den Fragen von Kellnerinnen und Trinkgeld im Übrigen nicht einheitlich gegenüber. Die 1900 in München gegründete Kellnerinnenvereinigung verlangte in einer an den Reichstag gerichteten Eingabe eine Verbesserung der Ausbildung und des Arbeitsschutzes von heranwachsenden Kellnerinnen, die Ausdehnung der Ruhezeiten (dazu gehörte auch eine Forderung, die mittelbar über die Praxis Auskunft gab: »Jeden zweiten Sonntag ist Gelegenheit zum Besuch des Gottesdienstes zu geben«) sowie die Intensivierung der Gewerbeaufsicht.[129] Ein Verbot der Kellnerinnenarbeit wünschte man selbstverständlich nicht, auch die Trinkgeldfrage sprach man nicht an. Die Sittlichkeitsvereine wiederum opponierten ganz gegen die Beschäftigung von weiblichem Personal in Gaststätten. Die sogenannten Jungfrauenvereine, die sich ebenfalls dem Schutz von Mädchen und heranwachsenden Frauen vor den modernen sittlichen Versuchungen verschrieben hatten, begannen Heime für Gasthofgehilfinnen einzurichten, weil die von den Wirten üblicherweise zur Verfügung gestellten Unterkünfte eng, schlecht ausgestattet und überbelegt waren – wenn sie nicht sogar, so die Vermutungen, der Prostitution dienten. Das Trinkgeld galt dabei als Instrument und Teil der Versuchungen gleichermaßen, denen junge Frauen im Gaststättengewerbe ausgesetzt seien.

Erfolgreich waren die zahlreichen Initiativen gegen das Trinkgeld zunächst nicht, jedenfalls nicht, was die Verhaltensweisen von Gastwirtschaftspersonal und Gästen anging. Selbst der vielfach als vorbildlich angeführte trinkgeldfreie »Schweizer Hof« in Luzern hatte offenkundig ein Problem. Zwar verkündete dort in

128 [Schneidt] (1893/1991) S. 10.
129 Zit. nach: Peter (1907) S. 12.

allen Gästezimmern ein Anschlag, dass die Angestellten des Hauses ausreichenden Lohn bezögen und deshalb kein Trinkgeld benötigten. Gezahlt wurden Trinkgelder von den Gästen aber trotzdem, und dies nicht zu knapp. Der Aushang habe die Freigiebigkeit beim Trinkgeld eher angeregt, mussten selbst die Gegner des Trinkgeldes einräumen, »da der Gast hier erst recht Gelegenheit hat, sich nobel zu zeigen«.[130] In der Schweiz, wo sich schon 1877 neun Hotels darauf geeinigt hatten, Trinkgelder abzuschaffen und dafür höhere Löhne zu zahlen, waren die Ergebnisse besonders niederschmetternd. Die Gäste, so wurde berichtet, beharrten darauf, Trinkgelder zu verteilen oder den Hotelangestellten regelrecht aufzudrängen, selbst wenn diese dabei ihre Stellung riskierten. »Man hat kein Recht, uns das zu verbieten«, sollen Gäste geäußert haben.[131] Die Demonstration ihres Wohlstands und ihrer Großzügigkeit schien den »Trinkgeldprotzen«, wie Kritiker sie nannten, wichtiger als die Kostenersparnis. Und der weniger Wohlhabende genoss es, »wenn er einmal in einem Gasthofe befehlen kann, und wenn die Leute recht kriechend, recht demüthig, recht unterwürfig sind«.[132] So abfällig solche bildungsbürgerlichen Kommentare über Neureiche und einfache Leute auch waren, wiesen sie doch zu Recht auf die Bedeutung von Statusfragen für die Beharrungskraft der Trinkgeldsitte hin. Es ging nicht nur um Geld und gute Bedienung, sondern auch um die Rangordnung in der Gesellschaft, die mit Trinkgeld öffentlich inszeniert werden konnte. Das symbolische Kapital des (Trink-)Geldes stand auch dem Aufsteiger und Kleinbürger zur Verfügung.

Die Probleme um das eigenartige Dreiecksverhältnis von Gastwirt, Kellner und Gast waren jedenfalls keine deutsche oder Schweizer Besonderheit, sondern, wie schon mehrfach angedeutet, ein internationales Phänomen. Dazu trug der zunehmende Reiseverkehr bei. Touristen brachten die Trinkgeldgebräuche in die entlegensten Täler der Alpen und an die entferntesten Badeorte der Meeresküsten vom Mittelmeer bis zur Ostsee. Gleichzei-

130 Voltz (1902) S. 11.
131 Schmidt (1891/1903) S. 39f.
132 Kleinpaul (1898) S. 54f.

tig bildeten sich transnationale Standards der Trinkgelder in den urbanen Kulturen aus. In Rom, Wien, Brüssel oder Paris wurden Kellner zu ähnlichen Bedingungen beschäftigt wie in München oder Berlin. Sie erhielten einen geringen Lohn, der den Lebensunterhalt nicht deckte, mussten davon feste Abgaben an ihren Dienstherrn zahlen wie Pauschalbeträge für Bruch oder Zuschüsse für Putzpersonal, Liftboys usw., und sie waren auf Trinkgeld angewiesen. Auch der »Larousse«, der *Grand Dictionnaire Universel* Frankreichs, konstatierte schon 1872: »[...] le pourboire est une véritable institution«, »Il n'est pas obligatoire, mais qui oserait s'en affranchir?«[133] In Frankreich hieß es daher ebenfalls: »Le pourboire est un abus et une tyrannie pour le public qui le subit avec peine«. Und: »Le pourboire-salaire doit disparaître«. Doch auch hier war der *antipourboirisme* ungeachtet mancher Kampagnen, Vereinsgründungen und privat initiierter Reformen in einigen Hotels letztlich nicht erfolgreich.[134] So schrieb der »Larousse« noch vor dem Ersten Weltkrieg vollends desillusioniert:

> Le peuple français qui a renversé plusieurs trônes et fait trois révolutions pour abolir les abus, n'a point encore osé, il n'osera jamais proclamer la suppression absolue du pourboire. Le jour, où il le ferait, il ne mangerait plus, il ne boirait plus, il ne se promènerait plus, il ... ne serait plus aimé.[135]

Immerhin verdrängte in Frankreich bei manchen Berufen wie den Friseuren das auch in Deutschland zeitweise als Alternative diskutierte Troncsystem die individuell »de la main à la main« gegebenen Trinkgelder, die als verletzend und entwürdigend für den

133 »Pourboire«, in: Larousse (1872) S. 1554.

134 Bach (1910) S. 164–174, Zitate S. 164f., 170, 216.

135 Zit. nach: Bader (1914) S. 23. Dort mit der Übersetzung: »Das französische Volk, welches mehrere Throne gestürzt, welches drei Revolutionen mitgemacht hat, um bestehende Missbräuche abzuschaffen, es hat noch nie gewagt und wird niemals wagen, die völlige Abschaffung des Trinkgeldes öffentlich zu fordern. Von dem Zeitpunkt an, wo es dies täte, würde man nicht mehr essen, nicht mehr trinken, nicht mehr spazieren ... es wäre nimmer beliebt.«

Empfänger angesehen wurden.[136] Die Trinkgelder eines Geschäfts oder Lokals wanderten dabei sämtlich in eine gemeinsame Kasse und wurden dann nach einem bestimmten Schlüssel unter den Angestellten oder den Kellnern aufgeteilt. Allerdings schien das Modell aus deutscher Sicht letztlich nicht vorteilhaft. Erstens war die Verteilung problematisch, sicherte sich doch der Oberkellner in der Regel rund die Hälfte der Einnahmen. Zweitens verband das System Nachteile des Trinkgeldsystems mit Nachteilen des Fixlohnsystems. Die Höhe der täglichen Einnahmen war unsicher und erlaubte keine stetige Lebensweise, und der Kellner hatte weniger als beim Individualtrinkgeld das Interesse, sich besonders zuvorkommend um seine Gäste zu bemühen – dies war immerhin eines der entscheidenden Argumente für das Trinkgelderwesen. In Italien war die Praxis des Trinkgeldeinforderns wohl noch weiter ausgedehnt als in Deutschland, auch der zunehmende Fremdenverkehr trug dazu bei. Selbst Gastwirte waren offenbar gewohnt, Trinkgelder anzunehmen. Auch in Italien wurden Trinkgelder beispielsweise von Kutschern regelrecht als Entlohnung eingefordert, selbst wenn sie vorher nicht vereinbart worden waren. Der Reisende, zumal der Fremde, konnte sich dem kaum entziehen. Schaffnertrinkgeld dagegen wurde, so die Erfahrungsberichte, vor allem in deutschen Städten, ob Hamburg, Leipzig, Berlin oder München, gegeben, und hinzu kam noch ein Geschenk zum Jahreswechsel, für das in der Pferde- oder elektrischen Straßenbahn gesammelt wurde. Im Ausland war das dagegen unüblich. Selbst in Moskau, das am Ende des 19. Jahrhunderts als Metropole der Trinkgelder dargestellt wurde, soll es in den zahlreichen Pferdebahnen keine Sondergratifikationen für Schaffner gegeben haben. Nur Deutsche auf Auslandsreise, so die Vorwürfe, verteilten Trinkgelder auch an Schaffner.

Zeitgenössische Berichte spiegeln allerdings außerordentlich gegensätzliche Auffassungen, was nationale Trinkgeldkulturen anging. Manchen galten Deutsche als freigebig, anderen als eher geizig. Russen hatten tendenziell den Ruf, gute Trinkgeldgeber zu

136 Mazuyer (1909) S. 49.

sein. Schotten dagegen galten – schon damals – als knauserig. Manche hielten Angelsachsen, Briten wie Amerikaner, generell für hartnäckige Trinkgeldverweigerer, andere wiederum behaupteten, die US-Amerikaner verdürben in den europäischen Städten mit ihren exorbitanten Trinkgeldern die Preise. Möglicherweise spiegelte sich darin eine zwiespältige Einstellung der Amerikaner, die mit Erstaunen europäische Trinkgeldsitten wahrnahmen und sich auf Reisen zunutze machten, ja schon im späteren 19. Jahrhundert das Klischee des protzigen Neureichen aus Übersee bedienten, der sich alles kaufen konnte. Dahinter stand die Erfahrung, dass man in Europa nur für gutes Trinkgeld auch gute Dienste erhielt. Der amerikanische Schriftsteller Mark Twain berichtet in den Glossen über seine Reisen in Europa während der 1870er Jahre auch von seinen Erfahrungen mit dem deutschen Portier, der »vier bis zehn Sprachen« beherrsche und »die sicherste Hilfe und Zuflucht in Zeiten der Not und Gefahr« sei, dem »nichts verborgen« sei, »was uns quält und bange macht«, und der schon wisse, »was wir bedürfen, wenn wir es noch auf der Zunge haben«, der buchstäblich alles besorgen könne. Woran diese erstaunliche Einfühlungsgabe und Dienstbereitschaft lag? Für Mark Twain war die Lösung ganz einfach und vorbildlich: Der Portier erhielt kein Gehalt, sondern musste vom Trinkgeld leben.[137] Ungewollt deutete Mark Twain damit an, was zu den unterschiedlichen Sichtweisen geführt haben mochte. Die Reisenden des späten 19. Jahrhunderts repräsentierten nicht die jeweiligen nationalen Trinkgeldkulturen. Ihr Verhalten wurde nicht nur, und vielleicht weniger, von der Tradition in ihrem Heimatland geprägt, sondern von der Situation der Fremde. In der Unsicherheit der fremden Welt und des Reisens war der Portier, der kundige Hotelangestellte, ein Rettungsanker und Wegweiser gleichermaßen, dem man sich dankbar erweisen wollte. Zudem konnte die Unsicherheit der Reise durch übermäßige Trinkgelder kompensiert werden, die großzügige Hand suggerierte gesellschaftliche Gewandtheit und Sicherheit. Für den Reisenden wurde das Trink-

137 Mark Twain, »Der deutsche Portier«, in: M. T., *Die Millionen-Pfundnote. Humoristische Skizzen*, München [1962], S. 147–149.

geld ein unabdingbares, transkulturell nutzbares Instrument der Selbstbehauptung in den Zwischenwelten des Reisens. Insofern gab es zwar nationale Trinkgeldkulturen, doch die Situation des Reisens war gerade eine transnationale Herausforderung.

Auch die Debatten um das Trinkgeld hatten um 1900 längst eine internationale Dimension erreicht. Nicht überall wurde zwar derart erbittert um das Trinkgeld gerungen wie in Deutschland. Allerdings formierte sich auch anderenorts, so in den Niederlanden, eine »Liga gegen das Trinkgeld«. Initiativen zur Vermeidung des Trinkgeldes gab es ebenso in Frankreich um 1900, und auch dort entstanden Gaststätten und Hotels, die ihre Gäste aufforderten, keine Trinkgelder zu zahlen. Sogar einige Pariser Theater und Kinos versuchten Trinkgelder für ihr Personal zu unterbinden. In Österreich verzichteten wie in der Schweiz einzelne Gasthöfe auf Trinkgelder, so das »Erste Reformhotel Habsburger Hof« in Innsbruck.[138] In England bildeten sich gleichermaßen private Initiativen gegen das Trinkgeld. 1908 wurde das erste *No-tip*-Hotel in London eröffnet, 1913 soll es dort bereits 500 Restaurants gegeben haben, die auf Trinkgelder verzichteten. Auch trinkgeldfreie Tee-Lokale existierten in London in größerer Zahl, die ausdrücklich darauf hinwiesen, dass ihre Angestellten hinreichende Löhne erhielten. Durchweg handelte es sich allerdings um Restaurants und Lokale der mittleren und unteren Kategorien, die teuren Hotels hielten am Trinkgeld fest. Doch immerhin hatten die trinkgeldfreien Betriebe erheblichen Zulauf zu verzeichnen. In den USA scheiterten private Initiativen wie die von William Scott 1916 vorgeschlagene »American Anti-Tipping Association« sowie trinkgeldfreie Lokale, Friseurgeschäfte und andere Dienstleistungsbetriebe.[139] Wenn aufgrund privaten Engagements in einzelnen Lokalen das Trinkgeld abgeschafft wurde, so wurde, in Europa wie in den USA, in der Regel ein Betrag von etwa 10 Prozent auf die Rechnung aufgeschlagen, der dann wieder in die Löhne eingehen sollte, oder das Bedienungspersonal wurde prozentual am Umsatz beteiligt. Auch wenn es manche positiven

138 Oldenberg (1893) S. 173.
139 Segrave (1998) S. 25–31.

Zwischenbilanzen gab,[140] mussten doch die Wirte und Geschäftsführer zumeist binnen weniger Jahre einräumen, dass auf die eingeübte Tradition nicht verzichtet werden konnte. Die Gäste hielten daran fest, manchmal ausdrücklich mit dem Hinweis, dass sie selbst über die Höhe der Trinkgelder bestimmen wollten.

Die Argumente in den Diskussionen wiederholten sich, auch die Gründe des Scheiterns der Initiativen ähnelten sich. Eine besondere Debatte entspann sich allerdings in den USA. Dort hatte das Trinkgeldgeben keine lange Tradition. Noch bis 1840 oder nach manchen Einschätzungen sogar bis zum Bürgerkrieg von 1861–65 sollen Trinkgelder gänzlich unüblich gewesen sein: Entweder war man ein freier Mann oder ein Sklave. Dazwischen gab es nach dem Ideal nichts, und zwischen freien Männern wurde kein Trinkgeld gewechselt. Karl May war dies offenbar nicht bewusst, als er seine Wildwest-Romane schrieb, denn dort ließ er regelmäßig Trinkgelder verteilen. Vermutlich sorgte erst die neue Welle an Einwanderern, die in der Folge von Bevölkerungswachstum und wirtschaftlichen Krisen aus Europa in die USA rollte, binnen weniger Jahrzehnte für die rasche Verbreitung der Trinkgeldsitte auf dem neuen Kontinent. In der Folge entstanden auch hier seit der Jahrhundertwende kontroverse Diskussionen um das Trinkgeld. Die Konstellation war allerdings etwas anders als in Europa. Zwar wurden aus Europa geläufige Argumente vorgebracht. So seien viele Kellner durch Trinkgeld geradezu reich geworden, lebten in einem Luxus, der ihnen nicht zustehe. Sehr viel stärker als in Europa aber sah man in der Praxis des Trinkgeldgebens einen Akt, geradezu eine Technik der sozialen Distinktion.

Dahinter stand möglicherweise die besondere soziale Zusammensetzung und Struktur der Kellnerschaft. Mehrheitlich handelte es sich zunächst um Afroamerikaner, Nachfahren von Sklaven. Für sie boten sich in den wachsenden Städten nur begrenzte Arbeitsmöglichkeiten. Gastwirtschaften eröffneten eine Chance zur dauerhaften Beschäftigung. Weiße Kellner strebten dagegen in der Regel so schnell wie möglich in eine andere Erwerbstätig-

140 Oldenberg (1893) S. 173 f.

keit. Obwohl weiße Kellner an der Jahrhundertwende deutlich mehr (ein gutes Drittel) als schwarze verdienten, sahen sie sich durch den Kellnerberuf geradezu degradiert – oder wurden jedenfalls von ihrer Umwelt als degradiert wahrgenommen. So versuchte man 1905 in Portland (Maine) die Praxis zu bekämpfen, dass (weiße) Studentinnen aus dem College in der Sommersaison als Bedienungen arbeiteten. Das Trinkgeld, so monierten die Beobachter, stelle eine soziale Hierarchie her. »Mark the servility of the girl's attitude«, kommentierte eine Journalistin in der *New York Times* im Juni 1905: »I, good American as I consider myself, do look down upon certain persons as my inferiors, and those persons are the ones who accept tips from me, and I expect and demand that they shall treat me as their superior.«[141] Die weißen Gäste waren in einem Dilemma. Viele wollten nur an weiße Kellner zahlen, gleichzeitig aber empfanden sie die Annahme von Trinkgeld durch Weiße als geradezu peinlich, wie ein Journalist 1902 notierte: »I had never known any but negro servants. Negroes take tips, of course; one expects that of them – it is a token of their inferiority.« Ein freier Mann, der über das Wahlrecht verfüge, dürfe sich nicht zum Diener machen. »I do not now comprehend how any native-born American could consent to take a tip.«[142] Die *New York Times* monierte 1908 deshalb auch einen Mangel an Selbstachtung unter den Kellnern – anders als in Europa, wo eher ein durch die Trinkgelder gespeistes allzu großes Selbstbewusstsein der Kellner kritisiert wurde. Das Trinkgelderwesen werde erst in dem Moment gestoppt, in dem die Kellner es indigniert geradezu als Beleidigung zurückwiesen.[143]

Seit der Jahrhundertwende wurde auch in den USA die Diskussion immer hitziger. In der Presse schien man sich einig darüber, dass Trinkgeld eine Unsitte sei und ausgerottet werden müsse. Selbst Präsidentschaftskandidaten vermochten mit einer demonstrativen Anti-Tipping-Haltung Eindruck zu machen. Doch war man sich keineswegs einig, wo das Übel im Kern begründet

141 Zit. nach: Segrave (1998) S. 10.
142 Ebd., S. 10f.
143 Ebd., S. 20.

lag und wie es beseitigt werden könne. Manche schoben es auf ethnische und soziale Kollektiveigenschaften auch bei den Trinkgeldgebern. So konnte man lesen, dass Deutschstämmige und Juden beim Trinkgeld eher zurückhaltend seien, Iren dagegen großzügig. Auch soziokulturelle Spekulationen wurden bemüht: Studenten verteilten freigebig Trinkgelder, »because a student feels twenty feet tall when he has overpaid a servant«.[144] Zugleich setzten erste ökonomische Debatten über das Trinkgeld in den USA ein. Nun wurde nach den Profiteuren gesucht und schnell ausgemacht, dass vor allem die Besitzer von Hotels und Gaststätten sowie die Betreiber von Schifffahrts- und Eisenbahnlinien Nutzen daraus zögen, weil sie derart am Lohn sparen könnten. Trinkgeld sei letztlich ökonomisch schädlich, bringe es doch den Empfängern keinen Nutzen (denn bei einem Trinkgeldverbot stiegen ihre Löhne), garantiere aber keine gerechte Belohnung, keinen gleichen Lohn für gleiche Arbeit, vor allem keine sicheren Einkünfte, sondern nur schwankende Einnahmen, die eine stabile Lebensführung nicht zuließen. Das eigentliche, in der Debatte immer wichtiger werdende Argument aber lag auf der politisch-moralischen Ebene. Mit dem Kampf gegen das Trinkgeld wollte man wieder an die republikanischen Ideale von 1776, an die Unabhängigkeitserklärung, anknüpfen. Denn Trinkgeld, so konnte man um 1910 immer öfter lesen, »was contrary to the whole spirit and genius of American life and institutions«, es widerspreche der kollektiven Identität der US-Bürger, der nationalen Ehre, es sei »unamerikanisch«.[145]

144 Ebd., S. 22 f.
145 Ebd., S. 23; vgl. ebd., S. 31.

»Fort mit dem Trinkgeld!« Reformen in Sozialstaat und Diktaturen des 20. Jahrhunderts

Im Herbst 1930 stand in München Jesus vor Gericht. Verklagt hatte ihn Judas. Und es ging um Trinkgeld. Die Vorgeschichte wäre banal, fast alltäglich gewesen – wenn sie sich nicht in Oberammergau abgespielt hätte. In dem oberbayerischen Städtchen werden in regelmäßigen, meist zehnjährigen Abständen Passionsspiele aufgeführt. Die biblischen Rollen werden sämtlich von Laien, von Einwohnern des Ortes, gespielt. Der Legende nach gehen die Passionsspiele auf das Pestjahr 1633 zurück. Die Bevölkerung des Ortes habe gelobt, Passionsspiele aufzuführen, wenn sie von der Pest verschont bleibe. Mittlerweile ist diese Überlieferung in Zweifel gezogen worden. Kein Zweifel besteht aber daran, dass die Passionsspiele zum touristischen Magneten wurden. 1830 sahen 13 000 Besucher die Spiele, 1860 schon 100 000. Die Eisenbahn erleichterte dann die Anfahrt: Am Ende des Jahrhunderts reichte die Trasse von München bereits bis nach Oberammergau, rund 200 000 Besucher sahen sich im Jahr 1900 die Passionsspiele an. 1930 waren es schließlich 400 000 Besucher, darunter Adolf Hitler. Der Münchner Kardinal Michael von Faulhaber warnte bei der Einweihung der in asketisch karger Monumentalität neu gestalteten Bühne in Oberammergau 1930 davor, die Spiele zu profanieren und zum Geschäft zu degradieren. Faulhaber wusste, wovon er sprach. Da morgens kein Zug von München nach Oberammergau fuhr, mussten die meisten Besucher am Festspielort übernachten, um die ganztägigen Aufführungen zu sehen. Die Einwohner profitierten davon, sie vermieteten Zimmer und betrieben Gastwirtschaften. Für den Umbau ihrer Häuser verschuldeten sie sich. Auch der Darsteller des Jesus, Alois Lang, tat das. 150 000 Mark soll er in die Umrüstung seines Hauses zum Gasthaus gesteckt haben, seinerzeit eine ungeheure Summe. Für die Spielzeit von 1930, die vom 11. Mai bis zum 28. September dauerte, stellte er vier Mädchen oder junge Frauen aus der Gegend ein, die als Bedienung und Zimmermädchen für die Gäste sorgen sollten. Zur Entlohnung notierte er auf der Rechnung ein Bedienungsgeld von 10 Prozent des Rechnungsbetrags. Das war seit der Trinkgeldreform der Weimarer Republik vorgesehen, auf diese Weise sollten Trinkgelder vermieden und durch Pauschalbeträge ersetzt werden. Alois Lang gab aber nur rund 11 Prozent des Bedienungsgeldes an die vier Mädchen weiter, den Rest behielt er für sich. Das war nicht vorgesehen. Nun begab es sich, dass eines der übervorteilten Mädchen die Tochter desjenigen Mannes war, der bei den laufenden Passionsspielen den Judas gab, nämlich Guido Mayr. Der reagierte empört, als er von der Angelegenheit hörte. Er verklagte seinen Kollegen, und das Münchener Arbeitsgericht – Arbeitsgerichte waren erst infolge des Arbeitsgerichtsgesetzes von 1927 geschaffen worden – entschied, dass Alois Lang den Rest des Bedienungsgeldes an die Mädchen auszuzahlen habe.[146]

Auch in der Zwischenkriegszeit blieb das Trinkgeld ein Gegenstand endloser Debatten und zahlloser Prozesse. Als der Oberammergau-Prozess stattfand, zur Zeit der späten Weimarer Republik, hatte sich die rechtliche Lage in Bezug auf das Trinkgeld allerdings durchaus verändert. In den kontroversen Debatten der Jahrhundertwende um die sozialen und moralischen Folgeschäden der Trinkgeldsitten war, in Deutschland nicht anders als in anderen europäischen Staaten und in den USA, der Ruf nach dem Staat laut geworden. Die USA gingen dann voran. Zu ersten

146 Mazoires (1931) S. 33; Roland Kaltenegger, *Oberammergau und die Passionsspiele 1634–1984*, München/Wien 1984, hier zu den Spielen von 1930, S. 182 f.; Lina Goldschmidt, »Show Oberammergau«, in: *Die Weltbühne 1930*, hier zit. nach: *Leiden schafft Passionen. Oberammergau und sein Spiel*, hrsg. von [Gerd] Holzheimer [u. a.], [o. O.] 2000, S. 229–232; James Shapiro, *Oberammergau. The Troubling Story of the World's Most Famous Passion Play*, New York 2001, S. 112, 127 f.

Trinkgeldverboten kam es seit 1909 in mehreren amerikanischen Städten und Bundesstaaten. Das Unbehagen über den Trinkgeld-Import durch Zuwanderer und die Vorstellung, dass Trinkgeld der nationalen Ehre Amerikas zuwiderlaufe, wirkten hier zusammen; den letzten Anstoß aber gab die Lobby-Arbeit reisender Kaufleute, die sich dem faktischen Trinkgeldzwang entziehen wollten. Der Bundesstaat Washington machte 1909 den Anfang und stellte sowohl das Fordern und Annehmen wie das Vergeben von Trinkgeld unter Strafe. Ein Jahr später folgte auch Washington D. C. mit der kleinen, aber entscheidenden Abweichung, dass nur Trinkgeldempfängern, nicht den Gebern Strafe angedroht wurde. Möglicherweise stand hinter dieser Ungleichbehandlung, dass in der Stadt nur Schwarze als Kellner arbeiteten. Anti-Trinkgeld-Gesetze ergingen zudem 1912 in Mississippi, 1913 in Arkansas sowie 1915 in Tennessee, South Carolina und Iowa. Bei einigen Abweichungen im Detail war die Grundausrichtung ähnlich: Der Empfang wie meist auch die Vergabe von Trinkgeldern wurden unter Strafe gestellt. Bei einem Verstoß gegen das Gesetz drohte eine Geld- oder sogar eine Gefängnisstrafe. Weitere Gesetze waren in der Diskussion, in anderen Bundesstaaten scheiterten indes alle Initiativen, oder es kam bestenfalls zu Beschränkungen der Trinkgelder. So erging 1918 in Georgia ein Gesetz, nach dem nur solche Trinkgelder unter Strafe gestellt wurden, die – in der Regel vorab – gegeben wurden, um eine bestimmte Handlung des Empfängers zu forcieren oder sein Verhalten zu beeinflussen. Im Grunde ging es dabei also um Bestechung.[147]

In den Jahren nach Erlass der ersten Gesetze wurden tatsächlich verschiedentlich »Täter« verhaftet. De facto handelte es sich meist um Trinkgeldempfänger. Strafurteile erregten öffentliches Aufsehen und führten die Gesetzgebung ad absurdum. In Iowa bewirkte der Fall eines Friseurgehilfen, der nach der Annahme von 15 Cent Trinkgeld inhaftiert und verurteilt worden war, dass der Supreme Court des Bundesstaates 1919 das Trinkgeld-Gesetz für verfassungswidrig erklärte und außer Kraft setzte. Problema-

147 Segrave (1998) S. 36–38. Wiedergabe der Gesetzestexte in Auszügen ebd., S. 149–154.

tischer schien, dass der Verzicht auf Trinkgelder nicht durchsetzbar war. Die meisten Kommentatoren räumten ein, dass das Trinkgeldgeben zwar eine Unsitte, aber nicht auszurotten sei. Bediente und Gäste hielten daran fest. Diese Erfahrung hatten schon trinkgeldfreie Hotels in Europa machen müssen. Nunmehr betonten Berichterstatter auch, dass nur das Trinkgeldsystem gerechte Belohnung garantiere, denn für gute Leistung gebe es dabei ein gutes Trinkgeld. In dieser Perspektive entsprach das Trinkgeldsystem gerade dem amerikanischen Charakter und Leistungsdenken. Gegner der Trinkgeldpraktiken hielten sich jetzt zurück. Jedenfalls wurden die Gesetze binnen weniger Jahre wieder außer Kraft gesetzt, und zu neuen gesetzlichen Initiativen kam es seit Beginn der 1920er Jahre kaum noch.[148]

Allerdings war das Problem damit noch nicht vom Tisch, allzu viele Fragen blieben strittig, die den Ruf nach dem Gesetzgeber laut werden ließen. Bis 1937 ergingen in den USA noch 50 einzelstaatliche und zwei Bundesgesetze, die sich mit Entschädigungen, Rentenzahlungen und Versicherungsleistungen bei Arbeitsunfällen oder Arbeitsunfähigkeit beschäftigten. Einige der Gesetze definierten gar nicht, ob das Trinkgeld zum Lohn gehörte, einige schlossen es explizit aus, andere schlossen es zumindest zu einem Teil ein. Rechtssicherheit war damit nicht geschaffen, eine lange Kette von Prozessen vielmehr die Folge. Die Gerichte orientierten sich zumeist daran, ob das Trinkgeld im Arbeitsvertrag als Teil des Einkommens erwähnt war. Die Arbeitgeber versuchten dagegen zu verhindern, dass aus dem potentiellen Trinkgeldeinkommen ein Anspruch auf eine bestimmte Einkommenshöhe abgeleitet werden konnte. Entsprechende Debatten folgten hinsichtlich der Arbeitslosenversicherung – 34 von 51 einzelstaatlichen Gesetzen zur Arbeitslosenversicherung schlossen die Trinkgelder als Teil des Einkommens ein, andere dagegen dezidiert aus. Die nächste Debatte entbrannte im Kontext des »National Recovery Act« von Präsident Roosevelt. Hier ging es darum, ob Trinkgelder in die Mindestlöhne einzurechnen seien.[149] Kurz:

148 Ebd., S. 38f.
149 Ebd., S. 65–67.

Das Tipping blieb gewissermaßen die Grauzone im modernen Sozial-, Rechts- und Versicherungsstaat, scheinbar ein Fremdkörper, offenbar aber auch ein unentbehrliches Instrument in einer Dienstleistungsgesellschaft, die zumindest den Mythos der persönlichen Beziehung zwischen Gast beziehungsweise Kunde und Bedienung aufrechterhielt.

Das Dilemma wiederholte sich in manchen europäischen Staaten. In Frankreich erging am 16. Februar 1919 ein Gesetz, das die Frage der Bestechung von Angestellten behandelte und die Bestimmungen des Strafgesetzbuches ergänzte. Inwieweit Trinkgelder davon betroffen seien, wurde in der juristischen Literatur mit Hingabe erörtert, und eine ganze Anzahl von Angestellten verschiedener Dienstgewerbe wurde verurteilt, weil sie ohne Wissen ihres Chefs bei Kunden Trinkgelder eingefordert hatten; manchmal handelte es sich um illegale Provisionen.[150] Auch wurde weiterhin diskutiert, ob und wie die Trinkgeldpraxis beseitigt werden könnte. Der achte Kongress der »Commissions départementales du Travail«, an dem Delegierte der Arbeitgeber und der Arbeitnehmer teilnahmen, verlangte aufgrund einer Anfrage des Arbeitsministeriums ohne Einschränkung: »Le pourboire dans tous les établissements doit être radicalement supprimé.«[151] Wieder einmal wurden Uneinheitlichkeit, Widersprüchlichkeit und Ungerechtigkeit der Trinkgeldpraxis moniert, die Tatsache etwa, dass der Friseurgehilfe Trinkgeld erhielt, der Verkäufer aber nicht. Der französische Touring-Club forderte 1929, dass der Hotelier oder Wirt doch sein Personal selbst entlohnen solle, wie das jeder Arbeitgeber mache, dafür sei nicht der Gast zuständig. Auch die Gewerkschaften der Gastwirtschaftsbetriebe sprachen sich quasi aus Gründen der Standesehre des Werktätigen gegen das Trinkgeld aus: »c'est contraire à la dignité des travailleurs de tendre la main.«[152] Allerdings wollten sie die durch Trinkgeldverzicht wiedergewonnene Ehre durch ein höheres Fixgehalt honoriert sehen. Doch 1933 erging lediglich ein Gesetz, das die Vertei-

150 Reverdy (1930) S. 36–38; Mazoires (1931) S. 40–57.
151 Zit. nach: Reverdy (1930) S. 98.
152 Zit. nach: ebd., S. 101.

lung der Bedienungsgelder unter dem Personal betraf. 1932 wurde zwar in der Abgeordnetenkammer ein Gesetzentwurf zur Eindämmung der Trinkgelder eingebracht, und 1936 folgte eine Gesetzesinitiative zum fast völligen Verbot von Trinkgeldern. Aber beide Anträge scheiterten. Schlimmer noch, private Versuche einzelner Gastwirtschaften, Trinkgeld durch ein festes, prozentual auf die Rechnung aufzuschlagendes und verbindliches Bedienungsgeld zu ersetzen, führten lediglich dazu, dass die Kunden nun ein *super-pourboire* obendrauf legten. Auch Friseurgeschäfte schafften das Troncsystem ab und führten einen fünfzehnprozentigen Aufschlag als Bedienungsgeld ein, der, da verpflichtend, zum Preisanstieg führte, zumal wiederum individuelle Trinkgelder dazukamen.

So entstand im Laufe der 1920er Jahre ein nach Branchen vielfältig differenziertes System. Für Angestellte in Spielbanken, Gepäckträger am Bahnhof, Taxifahrer, Platzanweiser und Garderobieren in Kino und Theater oder Kellner waren je andere Regeln eingeführt und Praktiken üblich. Formen der besonderen, individuellen Bezahlung der Bedienung aber blieben bestehen. Das alles führte zu einer Vielzahl an Prozessen, die alle erdenkbaren Streitfragen betrafen: Waren Pauschaltrinkgelder bei Sozialversicherungen, Unfallrenten und dergleichen einzurechnen? Wie war ein Kellner im bezahlten Urlaub zu entlohnen – mit oder ohne Anteil am Pauschaltrinkgeld? Welche Rechtsansprüche hatten Zimmermädchen oder *garçons* in Hotels und anderen Etablissements, wenn sie, wie häufig noch die Praxis, kein Grundgehalt erhielten und ganz auf Trinkgelder angewiesen waren? So verklagte 1929 ein Zimmermädchen einen Hotelbesitzer, bei dem es zehn Jahre unter diesen Bedingungen gearbeitet hatte, auf Nachzahlung eines Anteils am *service*, den die Gäste direkt an das Hotel gezahlt hatten. War ein Trinkgeld im Café verpflichtend, wenn der Kellner dem Gast auf Wunsch etwas zum Schreiben gebracht hatte, oder im Friseurgeschäft, wenn der Kunde eine Zeitung verlangt und bekommen hatte, wenn also eine sachfremde, im eigentlichen – impliziten – Bedienungsvertrag nicht enthaltene Leistung erbracht worden war? War durch die Bitte des Kunden dabei ein besonderer Arbeitsvertrag mit dem Kellner beziehungsweise Friseurgehilfen zustande gekommen? Oder handelte es sich um eine nicht vergütungsfähige Gefälligkeit? Für Juristen waren derartige Fälle ergiebige Quellen ausschweifender Rechtserörterung, zumal sich, wie schon im Deutschen Kaiserreich vor 1914, die Rechtsprechung vielfach widersprach. So mancher Doktorand verdiente sich insofern am Trinkgeld seine wissenschaftlichen Sporen.[153] Der Kunde und Gast dagegen, erst recht der Fremde, der Paris besuchte, stand hilflos vor einer Vielzahl von mehr oder minder verbindlichen, mehr oder minder erwarteten Zahlungen. Fehler konnte er da kaum vermeiden, es sei denn durch vorsorgliche Großzügigkeit. Wieder einmal schien sich zu bewahrheiten, was Madame de Staël schon zur napoleonischen Zeit geschrieben hatte: »Willkür in allen Gestalten« sei »von jeher in den Gewohnheiten, Sitten und Gesetzen Frankreichs vorherrschend gewesen«; die Franzosen seien »wahre Pedanten der Leichtfertigkeit«.[154] Lediglich die Trinkgelder, die das häusliche Dienstpersonal bei privaten Einladungen und Abendgesellschaften von den Gästen erhielt, kamen in der Zwischenkriegszeit – in Frankreich ähnlich wie in Deutschland – aus der Mode. Denn immer weniger Haushalte konnten sich Dienstboten leisten, bürgerliche Geselligkeit und Repräsentation waren nicht mehr zeitgemäß.[155]

Manch andere Staaten versuchten es mit gesetzlichen Trinkgeldverboten. In Spanien beschlossen einige Provinzen wie die beiden Kastilien 1928 ein Verbot von Trinkgeldern. Häufig kam es in der Zwischenkriegszeit lediglich zu rechtlichen Eingrenzungen der als Trinkgelder deklarierten unkontrollierbaren Geldflüsse zwischen Kunden und Angestellten und zur Regelung einzelner Missbräuche, außerdem zur Erörterung der strittigen Fragen von Steuerpflicht, Sozialversicherungspflicht und Pfändbarkeit des Trinkgeldereinkommens. Eine eindeutige Lösung der staaten- und

153 Zahlreiche Rechtsfälle um das Trinkgeld in Frankreich sind dokumentiert bei Mazuyer (1947) S. 85–140, Beispiele S. 104 f., 109, 114 u. ö.

154 Anne Germaine de Staël, *Über Deutschland*, vollst. und neu durchges. Fassung der dt. Erstausg. von 1814, hrsg. und mit einem Nachw. vers. von Monika Bosse, Frankfurt a. M. 1985, S. 79.

155 Vgl. Mazoires (1931) S. 189–209.

zeitübergreifenden Probleme gelang nirgends. Die grundsätzliche Entscheidung für oder wider Trinkgeld blieb zudem meist privaten Initiativen überlassen. In England hielt sich der Staat aus der Regelung dieser Frage ganz heraus. In der Schweiz beschloss die Hotelier-Vereinigung lediglich die Kanalisierung der Trinkgelderpraxis. In Belgien ging die Mehrheit der Hotels in den 1920er Jahren dazu über, ein pauschales Bedienungsgeld auf der Rechnung auszuweisen. Allerdings wurde hier wie fast überall bei derartigen Experimenten individuelles Trinkgeld noch zusätzlich gegeben, selbst wenn die Einforderung des Trinkgeldes durch Kellner oder Hotelpersonal verboten war. In mehreren Ländern wie in der Schweiz und in Frankreich verlangten auch die Gewerkschaften der Hotel- und Gastwirtschaftsarbeiter die Abschaffung der Individualtrinkgelder. Doch war der Organisationsgrad in dem Gewerbe nicht hoch, namentlich die jungen und die weiblichen Bedienungen, die ihre Arbeit nur als Übergangsbetätigung verstanden, strebten nach wie vor nicht eine gewerkschaftliche Initiative, sondern – verständlich angesichts des destabilen, konjunktur-, wetter- und saisonabhängigen Gewerbes – möglichst schnelle hohe individuelle Einkünfte an, auf welchem Weg auch immer.

Nicht anders waren die Befunde der »Internationalen Arbeitsorganisation« (IAO). 1919 aufgrund gewerkschaftlicher Forderungen durch den Versailler Vertrag als Sonderorganisation des Völkerbundes gegründet, sollte die IAO das internationale Arbeitsrecht sammeln und Empfehlungen für die Arbeitsgesetzgebung der Mitgliedsstaaten aussprechen. In diesem Rahmen führte sie auch eine Enquete über den Stand der Unterdrückung von Trinkgeldern in den europäischen Staaten durch. Sie förderte überall die gleichen ernüchternden Ergebnisse zutage: Die Abschaffung wurde von Öffentlichkeit, Gastwirten und Kellnerorganisationen gefordert, von vielen Staaten vorangetrieben – doch Trinkgelder wurden weiterhin gezahlt. In den demokratischen Staaten jedenfalls kam man nach einigen gescheiterten Initiativen Ende der 1920er Jahre zu der Einsicht, dass man auf kurze Sicht das Trinkgeld kaum werde abschaffen können und es nur darum gehe, Missbräuche abzustellen. Schließlich sei es ja das legitime Anliegen der Gäste, denjenigen eine Freude zu machen, die sie aufmerksam und zuvorkommend bedient hatten.[156]

Die Diktaturen der Zwischenkriegszeit verfügten – zumindest dem Anschein nach – über ganz andere Instrumente, ihren Willen durchzusetzen. Eindrucksvoll und zugleich symptomatisch ist der Fall Italien. Schon 1920/21 wurde hier das Trinkgeld generell gesetzlich abgeschafft und von einem Bedienungsaufschlag auf der Rechnung abgelöst. Harte Strafen wurden bei Zuwiderhandlung angedroht. In der Praxis, so die übereinstimmenden Berichte von Beobachtern und Reisenden, änderte das kaum etwas: Trinkgelder wurden dem Gast nach wie vor hemmungslos und energisch abgefordert, und die Arbeitgeber nahmen das hin, weil sie ihrerseits davon profitierten und die Löhne niedrig halten konnten. 1927 folgte ein weiteres Gesetz, um Missbräuche einzudämmen und dem Trinkgeld endgültig den Garaus zu machen; es war so erfolglos wie sein Vorgänger. 1935 wurde es Hotelgästen durch Verordnung untersagt, Trinkgelder zu zahlen; bei Zuwiderhandlung drohte eine dreitägige Gefängnishaft. Auch das scheint keine nachhaltige Wirkung gehabt zu haben. Der Fall Italien war freilich besonders brisant. Nach bürgerkriegsartigen Wirren seit Kriegsende 1918 war Italien, angefangen mit Benito Mussolinis »Marsch auf Rom« von 1922, auf dem Weg zur Diktatur. Die Ächtung des Trinkgeldes stand im Kontext der faschistischen Politik, die ein neues Ideal der Gemeinschaft propagierte. Und Italien war keine Ausnahme. Die Zwischenkriegszeit war eine Epoche der Diktaturen: der Modernisierungsdiktaturen und autoritären Regime wie in Spanien unter Miguel Primo de Rivera von 1923 bis 1930 oder in Polen unter Jósef Pilsudski von 1926 bis 1935, der faschistischen Regime und des revolutionären Russland, das den Umbau zur Union der Sozialistischen Sowjetrepubliken betrieb. Diese Regime verfochten ein neues Bild der Gesellschaft und des Menschen. Sie propagierten den Vorrang der Gemeinschaft vor den Interessen des Individuums, und sie forderten zugleich den »Neuen Men-

156 So Reverdy (1930) S. 125 f., 128.

schen«: den Arbeiter und Soldaten, der sein Leben für die Nation oder die sozialistische Idee einsetzte, der sich eingliederte in die Front, der ein Rad im Getriebe der Gemeinschaft war. Trinkgelder, die auf einer individuellen und nicht formalisierten Beziehung zwischen Gast und Bedienung basierten und zu deren Wesenskern die Distanz, die Ungleichheit von Geber und Empfänger gehörte, schienen aus dieser Perspektive überholt – aber nur im Prinzip, denn das Trinkgeldproblem scheint man nirgends in den Griff bekommen zu haben.

Das gilt auch für einen demokratischen Sozialstaat wie die Weimarer Republik. Schon in der deutschen Revolution von 1918 wurde die Trinkgeldfrage neu aufgegriffen. Aus Sicht der Rätebewegung wie der sozialdemokratischen Übergangsregierungen hatte sich der Staat für Arbeiterschutz, Gewerkschaftsrechte, Koalitionsfreiheit und Tarifautonomie einzusetzen und Vorsorge für die Gleichheit seiner Bürger in Bezug auf materielles Mindesteinkommen und Status zu treffen. Die distinktive Kraft des Trinkgeldes, dessen Bindung an sozialen Status und Ehre, kollidierte mit den neuen Idealen; die Zeit des individuellen Trinkgeldes schien vorbei. Noch in der späten Kriegszeit hatten sich Arbeitgebervereinigungen bemüht, eine Abschaffung des Trinkgeldes gemäß den bürgerlichen Sozialreformbestrebungen der Jahrhundertwende zu erreichen. Der »Kreuznacher Beschluss« des Internationalen Hotelbesitzervereins vom August 1918 zielte in diesem Sinn auf eine mit den Angestellten des Hotel- und Gaststättengewerbes auszuhandelnde Neuordnung. Mit den Novemberunruhen war dieses Vorhaben zunächst überholt. »Fort mit dem Trinkgeld!« lautete nun die Devise, die auch von dem »Verband der Gastwirtsgehilfen« propagiert wurde.[157] Es ging um geregelte und reduzierte Arbeitszeiten, nämlich den Achtstundentag, um feste und höhere Entlohnung, die auch Kellnern verlässliche Einkünfte, ein geordnetes Privatleben und Familiengründung ermöglichen sollte; es ging letztlich um die Aufwertung des Kellnerberufs, damit »der Beruf des Kellners nicht das Sammelbecken gescheiterter Existen-

157 Glücksmann (1919).

zen werde«, denn: »Nach den bisherigen Ermittelungen sind in Süddeutschland 10 Prozent, in Nordwestdeutschland 16 Prozent der Kellner verheiratet. Den Rest treibt man gedankenlos der Prostitution in die Arme.«[158] Die »Periode rasenden Lohnbegehrens«, wie es bürgerliche Beobachter naserümpfend nannten,[159] nahm ihren Anfang, aber eben auch die Zeit der von vielen ersehnten »Trinkgeldreform«. Im Januar 1919 wurde für die Stadt Berlin das Verbot der Anstellung auf Trinkgeld, die Abschaffung der Trinkgelder und die feste Entlohnung des Bedienungspersonals auf deutlich höherem Niveau beschlossen. Bremen, Hannover und einige rheinisch-westfälische Industriestädte wählten zunächst einen anderen Weg. Nur ein Mindestlohn wurde fixiert, daneben eine Beteiligung der Bedienten am Umsatz festgelegt. Die näheren Bedingungen waren durch Tarifverträge zu regeln. Durch »das Interesse an den Umsatzprozenten« sollte, wie Robert Glücksmann, Vorsitzender des Schlichtungsausschusses für das Gastwirtsgewerbe in Düsseldorf, im *Handwörterbuch der Staatswissenschaften* 1923 wohlwollend kommentierte, »die Schattenseite der Entlohnung, die Teilnahmelosigkeit der Angestellten am Geschäftsgang«, behoben werden.[160] Tatsächlich jedenfalls wurde durch die Tarifverträge in den betroffenen Städten die Annahme von Trinkgeld verboten und mit der Entlassungsdrohung sanktioniert.

Dennoch war das Modell nicht erfolgreich, wie überhaupt alle Versuche in der Weimarer Zeit, Trinkgeld abzuschaffen, scheiterten. Wo man wie in Berlin generell auf einen hohen Fixlohn gesetzt hatte, klagten Beobachter, dass das Bedienungspersonal, »frei vom Druck und Arbeitssporn des Trinkgeldes«, nunmehr »nachlässig« arbeite, »da es sich im sicheren Besitze des festen Lohnanspruchs wusste«. Schlimmer noch, Trinkgeld nahm man nach wie vor gerne an. Ebenso bewährte sich das alternative Bremer Modell nicht. Es wurde in der Praxis unterlaufen. Man hatte angenommen, dass in Gaststätten in der Regel 8 bis 10 Prozent des Rech-

158 Ebd., S. 4, 8.
159 Glücksmann (1923) S. 288.
160 Ebd.

nungsbetrags als Trinkgeld gegeben würden, und die Umsatzbeteiligung daher auf einen solchen Anteil des Rechnungsbetrags festgesetzt. Die Gastwirte schlugen das erwartungsgemäß auf die Preise auf. Nicht ganz erwartungsgemäß folgte aber 1919 im Zuge der sich beschleunigenden Inflation ein kleiner wirtschaftlicher Aufschwung. Der Konsum nahm wieder zu, die Gaststätten füllten sich und machten höhere Umsätze als erwartet. Die Kellner kamen auf Monatseinkommen von 5000 bis 6000 Mark, das lag weit über dem Durchschnittslohn. Und auch hier wurde obendrein noch Trinkgeld gegeben und genommen. Wegen des Verstoßes gegen das Trinkgeldverbot hätten die Gastwirte nun im Prinzip die Kellner entlassen dürfen. Doch das wagte kaum einer, »denn er sah sich sofort der Denunziation ausgesetzt, für seinen Betrieb Schleichhandelsware verwendet zu haben, was fast immer richtig war«. Gastwirte und Kellner saßen letztlich noch in einem Boot. Sie wollten zwar – um in der Metapher zu bleiben – nicht immer in dieselbe Richtung rudern, aber doch beide nicht untergehen. Die Schattenwirtschaft der frühen Republik unterlief also prinzipientreue Reformen. Auch in den Reformstädten ging man daher schon binnen einem Jahr nach der Neuordnung wieder zur festen Entlohnung über, rechnete dabei häufig ein fixiertes Bedienungsgeld ein und ließ auch Trinkgelder »teils ausdrücklich, teils still« wieder zu.[161] Die Reformen waren am Ende, die Preise höher als zuvor, und alle schienen zufrieden – fast alle, denn die Kunden mussten mehr zahlen, die Köche und andere Angestellte im Gastwirtschaftsgewerbe, die keinen Kundenkontakt hatten und keine Trinkgelder bezogen, wollten nun ebenfalls bessergestellt werden, Konflikte nahmen eher zu als ab, und die sozial- und rechtsstaatlichen Mittel wurden wiederholt ausgeschöpft, um die Ansprüche der betroffenen Gruppen und Personen durchzusetzen.

Neue Tarifverträge änderten daran nichts mehr. Immerhin schloss der »Verband der Gastwirtsgehilfen« im Jahr 1919 allein 146 Tarifverträge ab. Dabei wurden 25 783 Betriebe mit 261 296 Beschäftigten erfasst.[162] Die Interessen des Bedienungspersonals

161 Alle Zitate ebd.
162 Ebd., S. 289.

waren arbeitsrechtlich weit besser abgesichert als noch im Kaiserreich. Auch gab es einige Sozialreformen, die das Gastgewerbe einschlossen. Der durch Reichsgesetz eingeführte achtstündige Arbeitstag galt grundsätzlich auch für Gaststätten und Hotels. Wegen der zwei Höhepunkte der Arbeitsbelastung am Mittag und am Abend wählte man zumeist allerdings eine pragmatische Lösung, nämlich eine zwölfstündige Arbeitsbereitschaft, innerhalb der die vorgeschriebenen acht Stunden zu leisten waren. Im Übrigen galten aber die Bestimmungen über die Ruhezeiten der Angestellten im Gastwirtschaftsgewerbe von 1902 auch in der Weimarer Republik fort. Und hinsichtlich der Entlohnungsformen war die Vielfalt eher erhöht worden. Nun standen verschiedene Systeme im Gastgewerbe nebeneinander, nämlich erstens das reine Trinkgeldsystem wie ehedem, das allenfalls geringfügige Festlöhne kannte, zweitens das Bedienungsgeld als in der Regel zehnprozentiger Aufschlag auf der Rechnung, drittens das Garantielohnsystem mit Umsatzbeteiligung sowie viertens das Fixlohnsystem ohne Umsatzbeteiligung. Gemeinsam war ihnen, dass weiterhin Trinkgeld gezahlt und angenommen wurde, selbst da, wo es formal untersagt war. Insofern hatte es für die Trinkgelder wenig Konsequenzen, dass der Anteil der Beschäftigten nach dem reinen Trinkgeldsystem, 1919 noch über ein Drittel, in der Folgezeit drastisch sank.

Doch mit der Ausweitung der festen Entlohnung stieg auch der Einfluss der Vereinigungen der Gastwirtsgehilfen, die nunmehr Mitsprache bei der Regulierung der Löhne erhielten. Anfang der 1920er Jahre versuchten die Arbeitgeberverbände daher noch einmal, das Steuer herumzureißen und die Fixlöhne in Frage zu stellen. Sie verwiesen darauf, dass die Kellner eben doch Trinkgeld annähmen und insofern selber zum alten System zurückstrebten. Streiks waren die Folge. In Berlin legten Anfang Oktober 1921 nach Angaben der Gewerkschaften 25 000 bis 30 000 Gastwirtsgehilfen die Arbeit nieder. Es kam zu Massenversammlungen und Demonstrationen. Erst nach fünf Wochen konnte der Streik durch einen Schiedsspruch beendet werden. Auch hier ging man nun zum Prozentsystem über. Neben

Massenversammlung streikender Gastwirtsangestellter im Berliner Lustgarten, 3. Oktober 1921

dem Fixlohn – 1600 Mark in Bier-, Saal- und Gartenwirtschaften, 1800 Mark in Hotels, Weinrestaurants und Cafés – sollte noch ein zehnprozentiger »Zuschlag«, de facto das Bedienungsgeld, vom Gast erhoben werden, der unter die Kellner zu verteilen war. Die Annahme von Trinkgeldern war vertraglich untersagt.[163] Doch die Wirklichkeit sah weiterhin anders aus. Allenthalben – und nicht nur bezogen auf das Gastgewerbe – wurde der Anstieg der Trinkgelder beklagt und auf die »Folgen des stetig wachsenden Trinkgeldgebens« hingewiesen, nämlich die »Bevorzugung jener Schichten mit der offenen Hand zum Nachteil der Mehrheit«.[164] Trinkgeld erschien hier immer mehr als Instrument in der Konkurrenz um die beste Dienstleistung, als

163 Vgl. Poetzsch (1928) Bd. 2, S. 97–114.
164 »Gegen das Trinkgeld-Unwesen«, in: *Frankfurter Zeitung,* 11. Januar 1923, *Stadt-Blatt,* S. 2. – Den Hinweis verdanke ich Philipp Altenburg.

Waffe in der agonalen Auseinandersetzung um Rang und Status, nüchterner ausgedrückt: als Form der Bestechung. Das sozialstaatliche Programm war am Trinkgeld gescheitert, das individuelle Interesse – der Geber wie der Nehmer – schlug den sozialen Anspruch bürgerlicher wie sozialistischer Reformer gleichermaßen. Der Mensch entsprach nicht dem Bild des solidarischen Genossen, das Gewerkschafter und Sozialpolitiker entwarfen.

In der Bilanz wohl nur scheinbar erfolgreicher war die Weimarer Republik auf einem Teilgebiet der Trinkgeldreform. Ein Reichsgesetz vom 15. Januar 1920 erlaubte es den Ländern, »im Interesse der Gesundheit, der Aufrechterhaltung der guten Sitten, der Ordnung und des Anstandes in Gast- und Schankwirtschaften insbesondere über die Zulassung, die Beschäftigung und die Art der Entlohnung weiblicher Angestellter Vorschriften zu

Demonstration am Schlossplatz in Berlin, Oktober 1921

Streikposten am Café Bauer in Berlin, Oktober 1921

erlassen«.[165] Dabei ging es um die schon seit der Zeit der Kathedersozialisten von bürgerlichen Sozialreformern kritisierte Gefahr, Kellnerinnen könnten durch Trinkgelder zur Prostitution veranlasst werden. Immer wieder wurde anschaulich erörtert, welchen Versuchungen weibliche Bediente ausgesetzt seien, welch zersetzende Wirkung Trinkgeld auf bürgerliche Moral, weiblichen Anstand und Familiensinn habe. Bürgerlicher Sozialkonservatismus und gewerkschaftliche Reform trafen sich nun. In der Folge erließen die wichtigsten Länder einschlägige Bestimmungen: Preußen legte schon im August 1920 fest, dass weibliche Angestellte im Gastwirtschaftsgewerbe »nur noch gegen festen und ausreichenden Barlohn« beschäftigt werden durften. In Bayern mussten weibliche Angestellte »mindestens zu einem angemessenen Teil« mit einem Fixbetrag entlohnt werden.[166] Derartige Bestimmungen boten freilich Spielräume, sie waren auslegungsfä-

165 *Reichsgesetzblatt* 1920, S. 69.
166 Zit. nach: Weigert (1956) S. 6.

hig und beschäftigten bald die Gerichte aufs Neue, wie der Fall Oberammergau belegt. Eine Lösung des Problems war damit noch nicht verbunden, vielmehr wurde ein anachronistisches Zeichen einer eher moralisch als sozial motivierten Arbeitsschutzgesetzgebung gesetzt. Faktisch bestanden die Einkünfte von Kellnerinnen vielfach offenbar immer noch zum größten Teil aus Trinkgeldern, und die sittlichen Gefährdungen des Kellnerinnendaseins wurden auch in der Folge noch häufig beschworen, zumal im Kontext einer in den 1920er Jahren expandierenden Kultur der Vergnügungslokale, Tanzcafés und Varietés. Eine Bestandsaufnahme, welche die Berichte der deutschen Gewerbeaufsichtsbeamten über das Jahr 1928 dokumentierte und auswertete, verzeichnete zahlreiche Fälle, in denen gegen rechtliche Beschränkungen verstoßen worden war und Kellnerinnen gesetzwidrig am Umsatz beteiligt oder auf Trinkgelder angewiesen waren, in denen de facto Animierkneipen betrieben wurden.[167] Das Bayerische Oberlandesgericht beklagte noch im April 1934, ein Jahr nach der »Machtergreifung« der Nationalsozialisten, in ungebrochener Kontinuität zum Diskurs in Kaiserreich und Weimarer Republik die Gefahren, die für weibliches Personal mit der sogenannten »Anstellung auf Trinkgeld« verbunden seien. Danach allerdings wollte das nationalsozialistische Regime eine solche pessimistische Diagnose nicht mehr für Deutschland, sondern nur noch für das Ausland stellen. Namentlich in Paris, so der *Völkische Beobachter* im März 1939, seien die Grenzen zwischen einer »Vergnügungsindustrie«, die »zeitweise die ganze Welt infiziert« habe, der Prostitution und der »Fremdenindustrie« völlig aufgelöst. Für Deutschland dagegen meinte Friedrich Rauers in seiner *Kulturgeschichte der Gaststätte* 1941 resümieren zu können: »Heute ersetzen Freibäder und der intensiv betriebene Sport einen großen Teil des älteren Vergnügungsbetriebes. Kokotten und Straßenprostitution sind nahezu ausgestorben.«[168]

Soziale Not und Arbeitslosigkeit in der Spätphase der Weimarer Republik trugen im Übrigen dazu bei, dass das Trinkgeldsys-

167 *Arbeitsverhältnisse* (1929) S. 148–155; vgl. Hinsberg (1923).

168 Rauers (1941) Tl. 2, S. 1388; *Völkischer Beobachter*, zit. nach: ebd., S. 1402.

tem nicht nur in Gaststätten und Hotels fortlebte. In Zeiten, in denen viele mit Gelegenheitsarbeiten durchkommen mussten, waren Trinkgeld, Bettelei und gelinde Erpressung nicht mehr scharf zu unterscheiden. Was Victor Hugo im Vormärz von seinen Erfahrungen in Köln zu berichten wusste, konnte man nun in den 1920er Jahren fast ebenso erleben, beispielsweise in den Ausflugsorten am Rhein, wo sich jetzt allerdings nicht mehr Pauperismus und Romantik begegneten, sondern Kommerz und Nationalismus. Dem Schriftsteller und Satiriker Kurt Tucholsky widerfuhr es bei einem Besuch in Koblenz vor dem Kaiser-Wilhelm-Denkmal am Deutschen Eck.[169] Der Monarchie- und Militärskeptiker stand da und betrachtete mehr oder minder ehrfürchtig das Denkmal, diesen »Faustschlag aus Stein«, »dieses steinerne Geklump«, das Wilhelm I. auf einem »riesigen Gefechtshengst wie aus einer Wagneroper« zeige. Umgehend folgte die Ernüchterung: »Da hörte ich ein leises Stimmchen an meiner Linken, ein Knabe war mir unversehens genaht, er hatte wohl meine Ratlosigkeit bemerkt und sprach: ›Soll ich Ihnen mal das Denkmal erklären?‹« Das tat der Junge dann auch.

> Und weil dieses arme Kind solches nicht allein tat, sondern vier oder fünf seiner Kollegen, wie ich später sah, den ganzen Sonntagvormittag lang gewerbsmäßig dasselbe ausübten, vor dem Denkmal und weiter unten, vor dem Hotel und überall, so habe ich das, was sich die Knaben eingepaukt hatten, mehrere Male hören können.

Tucholsky gibt darauf eine ausführliche Zusammenfassung des Vortrags unter besonderer Erwähnung der inhaltlichen, logischen und sprachlichen Kapriolen:

> »Die Siegesgöttin ist nach verlorenen Kriegen ein Friedensengel. [...] Das Denkmal wiegt fünf Millionen Kilogramm und hat einen Flächeninhalt von 1200 Quadrat-

169 Ignaz Wrobel [Kurt Tucholsky], *Denkmal am Deutschen Eck [1930]*, in: K. T., *Panter, Tiger & Co. Eine neue Auswahl aus seinen Schriften und Gedichten*, hrsg. von Mary Gerold-Tucholsky, Hamburg 1972, S. 72–75, hier S. 74f.

metern, daher ist es ein großes Kunstwerk. [...] Die Künstler, die an dem Denkmal schuld sind, heißen Schmitz und Hundrieser. [...] Die Mosel fließt hinter dem Denkmal, ihre Strömung ist hier besonders schnell, weil sie an dem Denkmal vorbei muß«.

Und nach dem Vortrag folgt unvermeidlich das Entscheidende – die »Große Trinkgeldpause«. Tucholsky ging es aber nicht wie den Trinkgeldkritikern des Kaiserreichs um die Anmaßung der Unterschichten, sondern um die politische Revitalisierung und Kommerzialisierung eines nationalistischen Denkmals. Er brachte das sarkastisch auf die Spitze, wenn er auf das in der Weimarer Republik geplante »Reichsehrenmal« verwies, das an die Toten des Weltkriegs gemahnen sollte und für das zunächst ebenfalls Standorte am Rhein (wie Lorch oder die Festung Ehrenbreitstein gegenüber Koblenz) erwogen wurden.

Wenn es errichtet ist, werden rotzgenäste Knaben hingehn und es uns erklären: die Gastwirtschaften ringsherum werden voll sein, und in den Massengräbern zu Nordfrankreich wird sich ein Geraune erheben: »Wofür? Dafür.«

Das Trinkgeld als Chiffre für die politische Prostituierung der deutschen Gesellschaft – das wollte man im revisionistischen und völkischen Lager nicht hören. 1933 wurde Tucholsky von den Nationalsozialisten ausgebürgert, seine Schriften wurden verbrannt. Er selbst nahm sich 1935 im schwedischen Exil das Leben.

Das »Dritte Reich« verkündete ein neues Verständnis der Arbeitsverhältnisse. Es proklamierte eine wirtschaftsfriedliche Neuordnung der Arbeitsbeziehungen, die dem Klassenkampf ein Ende setzen sollte. Der Gegensatz zwischen Arbeitgeber und Arbeitnehmer sollte nunmehr in der Betriebsgemeinschaft aufgehoben sein. Die »Deutsche Arbeitsfront« trat seit Anfang Mai 1933 an die Stelle der Gewerkschaften. Die Tarifautonomie wurde beseitigt, anstatt Tarifverträgen gab es jetzt Tarifordnungen, die von den durch Gesetz vom 19. Mai 1933 eingesetzten »Treuhändern der Arbeit« erlassen wurden. Seit 1938 konnten die Treuhänder (jetzt »Reichstreuhänder« genannt) sogar die Löhne festsetzen. Die Konsequenzen für die Lohn- und Trinkgeldfrage im Gastwirtschaftsgewerbe waren erstaunlich gering.[170] Die Treuhänder vertraten auch keine einheitliche Linie. Seit 1934 ergingen zahlreiche regionale Tarifordnungen für das Gaststätten- und Beherbergungsgewerbe. Sie erfanden kein grundsätzlich neues Modell, sondern knüpften an die Weimarer Zeit an und bestimmten zumeist, dass auf den Preis jeweils ein zehnprozentiger Aufschlag, eben das Bedienungsgeld, zu erheben und als Entlohnung unter das Bedienungspersonal zu verteilen sei. In einigen Tarifordnungen wurde dabei noch einmal differenziert zwischen dem Festlohn, den das nicht an der Bedienung beteiligte Personal erhielt, und dem – niedrigeren – Garantielohn, der dem Bedienungspersonal zur Existenzsicherung ausgezahlt und gemäß anfallenden Bedienungsgeldern aufgestockt wurde. Auch das Troncsystem wurde erlaubt. Zudem blieb es zulässig, dass der Gastwirt auf einen festen Lohn weitgehend verzichtete und dafür »dem Kellner als Entgelt für seine Tätigkeit die Möglichkeit zum Trinkgelderwerb bietet«. Darüber hinaus zahlten die Gäste weiterhin auch noch über das Bedienungsgeld hinaus Trinkgeld – nunmehr meist als »Sondertrinkgeld« bezeichnet.[171] Auch das wurde in der Praxis nicht nur toleriert, sondern sogar offen bei Arbeitsverträgen einkalkuliert. Im Vergleich zur Weimarer Republik hatte sich also de facto wenig geändert.

War es in der Diskussion über Trinkgeld in den USA durchaus selbstverständlich, Trinkgeld als »unamerikanisch« zu bezeichnen, so fehlen in der nationalsozialistischen Zeit entsprechende Äußerungen über das Verhältnis zwischen deutscher »Volksgemeinschaft« und Trinkgeldpraxis. Immerhin stellte ja die soziale Distinktion, die das Trinkgeld mit sich brachte, die Scheidung in

170 Über die Rechtsverhältnisse in Bezug auf Kellner und Trinkgeld im »Dritten Reich«: Amendt (1936); Wilke (1938); Koselke (1938); Wingenfeld (1938); Becker (1941).

171 Becker (1941) S. 15.

Herrschaft und Diener, die sich im Kleinen bei jedem Besuch in der Gastwirtschaft wiederholte, den Mythos von der Gleichheit der »Volksgenossen«, wie er beständig eingehämmert wurde, in Frage:

> [...] wo ist das Volk, wo ist der Staat auf dieser Erde, dessen Menschen jemals vorher in solcher Gemeinschaft Mann bei Mann gestanden hätten, in ernsten und in guten Tagen, Mann bei Mann, gleich ob Arbeiter der Faust, ob Arbeiter der Stirn, ob Schlossergeselle, ob Bauarbeiter, ob Künstler, ob Gelehrter, ob Soldat, ob Bauer, ob Minister – Mann bei Mann![172]

Dennoch war nirgends davon die Rede, dass »der deutsche Mann« oder »die deutsche Frau« kein Trinkgeld nähmen. Zeitgenössische Stellungnahmen und Darstellungen zur Trinkgeldfrage blieben selten, und sie argumentierten nicht mit der Nation oder gar der »Rasse«, sondern eher mit dem sozialistischen Anspruch und – sehr verhalten – mit dem Ehrverständnis des Berufsstands. Das nationalsozialistische Recht, so meinte Rudolf Wilke in seiner Königsberger Dissertation 1938, fordere »Gerechtigkeit«: »Im Arbeitsleben bedeutet dies nicht den Sieg des Mitleids, sondern den Schutz der Arbeitsleistung.« Erst das sei eigentlich »Sozialismus«.[173] Und Karl Becker schrieb in seiner juristischen Dissertation aus dem Jahr 1941:

> Im übrigen halte ich das Sondertrinkgeld mit einem hochgesteckten Berufsethos nicht als vereinbar. Denn auch hier gilt das Wort: Jede Arbeit ist ihres Lohnes wert, oder umgekehrt, nur da besteht Berechtigung, von Lohn zu sprechen oder solchen anzunehmen, wo auch wirklich Arbeitsleistungen erbracht wurden. Diese werden jedoch

172 *Urlaubsfreuden winken! »Kraft durch Freude«-Jahresfahrten 1939. Die Deutsche Arbeitsfront. NS.-Gemeinschaft »Kraft durch Freude« Gau Mecklenburg*, [o. O., 1939], S. 73.
173 Wilke (1938) S. 86.

> beim Kellner durch das Bedienungsgeld entlohnt, fehlen also völlig bezüglich des Sondertrinkgeldes. Damit aber wird diese Gabe zum wirklichen Almosen. Um diese Unsitte zu beseitigen, müßte vielleicht mehr an die Berufsehre des Kellners appelliert werden, der – wie es bei jedem anderen deutschen Arbeiter auch der Fall ist – sich nichts schenken lassen sollte.[174]

Becker war sich aber nicht einmal sicher, ob die Politik auf eine Eindämmung des Trinkgeldes zielte. Tatsächlich wurden keine Maßregeln in dieser Hinsicht ergriffen. Allerdings arbeiteten Tarifordnungen und Rechtsprechung darauf hin, das Bedienungsgeld als Anspruch des Kellners an den Wirt, den »Betriebsführer«, tatsächlich als Teil der Entlohnung anzusehen, nicht als Ausfluss eines vertragsartigen Verhältnisses zwischen Gast und Kellner. Das Verhältnis zwischen Wirt und Kellner wurde demgemäß von einigen juristischen Autoren der NS-Zeit, aber keineswegs von allen, als normales Arbeitsverhältnis, begründet durch einen Arbeitsvertrag und entlohnt durch das Bedienungsgeld, angesehen:

> Denn die Einführung des Bedienungsgeldes bezweckte ja gerade, im Gaststättengewerbe feste Lohnverhältnisse zu schaffen, wie sie in den anderen Berufsgruppen schon längst bestanden. Der Wirt als der Unternehmer sollte dem Kellner seinen verdienten Lohn zahlen und nicht der Gast.[175]

In dieser Perspektive implizierte die nationalsozialistische Politik eine Modernisierung der Arbeitsverhältnisse auch in der Gastwirtschaftsbranche, eine Angleichung an gewerbliche Gepflogenheiten. Allerdings half alles nichts: Trinkgelder wurden weiterhin gezahlt.

Dazu trug die Ausweitung des Massentourismus in der NS-Zeit bei. Schon in der Weimarer Zeit war der Fremdenverkehr ex-

174 Becker (1941) S. 13.
175 Ebd., S. 20.

pandiert, die Zahl der Reisebüros hatte sich gegenüber dem Kaiserreich mehr als verdreifacht. Der Tourismus blieb freilich noch bürgerlich geprägt. Zwar erhielten Arbeiter nun ebenfalls einen Anspruch auf bezahlten Urlaub, wenn auch nicht, wie in zahlreichen anderen europäischen Staaten, etwa Österreich, Polen und der Tschechoslowakei, durch Gesetz, sondern nur durch Tarifverträge. Bis 1928 war dadurch immerhin mehr als 95 Prozent der Arbeiter in Deutschland das Recht auf – in der Regel allerdings nur einige wenige – Urlaubstage garantiert. Angesichts der wirtschaftlichen Lage und am Ende der hohen Arbeitslosigkeit blieb Arbeitertourismus aber noch die Ausnahme. Zudem veränderte sich das bürgerliche Reisen in der republikanischen Zeit. Die Zahl der Hotels und Gasthöfe ging zurück, denn auch die bürgerlichen Touristen waren von der wirtschaftlichen Misere betroffen und mussten sparen; sie zogen nun häufig die billigere Zimmervermietung in Privathäusern vor und verzichteten, erst recht in der Weltwirtschaftskrise, auf Luxus und fernere Reiseziele.[176] Das hatte Auswirkungen auf Bedienungspersonal und Trinkgelder.

Das Bedürfnis nach Urlaub und Urlaubserlebnissen aber war durch die erkämpften Urlaubstage, durch die konsumfreudige Stimmung der Goldenen Zwanzigerjahre und auch durch eine offensivere Fremdenverkehrswerbung geweckt. Daran knüpfte das »Dritte Reich« an. Das nationalsozialistische Regime förderte einen neuen Massentourismus, an dem, so die Propaganda, jeder »Volksgenosse« teilhaben konnte.[177] Gewissermaßen als größtes Reisebüro diente die »Nationalsozialistische Gemeinschaft ›Kraft durch Freude‹« (KdF), die im November 1933 nach dem Vorbild der italienischen Freizeitorganisation »Opera Nationale Dopolavoro« als Unterorganisation der »Deutschen Arbeitsfront« (DAF) gegründet worden war. Das KdF-Amt »Reisen, Wandern und Urlaub« entfaltete nun zahlreiche Aktivitäten, die den Einsatz des Regimes für Wohl und Erholung der arbeitenden Bevölkerung belegen sollten. Dabei sollte, etwa durch die Errichtung des KdF-Bades in Prora auf Rügen, ein neuer Gruppentourismus als

176 Hachtmann (2007) S. 100f., 115f., 118.
177 Zum Folgenden: ebd., S. 120–128.

klassenübergreifende Erfahrung, als »Verwirklichung der wahren Volksgemeinschaft«[178] initiiert werden, um »allen Volksgenossen und Volksgenossinnen, die sich aus eigener Kraft eine Ferienfahrt nicht erlauben können, die Schönheiten der deutschen Heimat zu vermitteln«.[179] Nicht zuletzt ging es auch darum, die totale Kontrolle über den Einzelnen selbst in seiner Freizeit herzustellen, die Grenze zwischen Politischem und Privatem aufzuheben. Robert Ley, der Leiter der DAF, formulierte demgemäß: »Privatleute haben wir nicht mehr. Die Zeit, wo jeder tun und lassen konnte, was er wollte, ist vorbei.«[180] Ungeachtet der ökonomischen, politischen und rassistischen Hintergründe und Implikationen – die Förderung des Inlandstourismus kaschierte beispielsweise auch, dass der Lohn kaum erhöht und der Konsum kaum ausgeweitet werden konnte – kam es so vor dem Zweiten Weltkrieg zu einer deutlichen Zunahme der Urlaubsreisen. Nahmen 1934 noch knapp 2,7 Millionen Menschen an KdF-Reisen teil, waren es 1938 bereits 10,3 Millionen. Die außerordentlich niedrigen Preise trugen zu dem Erfolg bei, zumal allenthalben propagiert wurde, dass gerade diejenigen »Volksgenossen« zugelassen seien, »die in besonders bedürftigen Verhältnissen leben«.[181] Das wiederum stärkte den Nimbus der klassenlosen »Volksgemeinschaft«. Auf Hochseefahrten, ursprünglich Sinnbild von Luxus und Klassenschranken, wurde nun demonstrativ die Trennung der Passagierklassen aufgehoben. Das hatte enorme propagandistische Wirkung, auch wenn der Anteil des Seetourismus an den KdF-Fahrten mit unter 2 Prozent verschwindend gering war und de facto nur weniger als 1 Prozent der Arbeiter die Chance erhielten, an einer solchen Hochseereise teilzunehmen.

178 *Urlaubsfahrten 1938. Die Deutsche Arbeitsfront. N. S. G. Kraft durch Freude. Gau Weser-Ems* [o. O., 1938], S. 5.

179 Paul Friedrich Prey, »Komm mit, Kamerad!«, in: *Kraft durch Freude-Reisen. Gau Mecklenburg-Lübeck*, [o. O. 1937], S. 1 f., Zitat S. 1.

180 Robert Ley, *Soldaten der Arbeit*, München 1938, S. 71.

181 *Fahr mit! Urlaubsfahrten des Amts Reisen, Wandern und Urlaub 1936. Die Deutsche Arbeitsfront des N. S. G. Kraft durch Freude, Gau Baden* [o. O., 1936], S. 55.

Von außen, zumal aus der Perspektive des Gaststättengewerbes, sah man die Expansion des KdF-Tourismus mit gemischten Gefühlen. KdF konkurrierte mit privaten Reiseanbietern, die ebenfalls vom seit 1933 massiv expandierenden Reisemarkt profitieren wollten. 1933 gab es in Deutschland 499 Reisebüros, bis 1939 war die Zahl schon auf 1049 gewachsen. Um 1938 erreichte das deutsche Fremdenverkehrsgewerbe seinen Höchststand, der weit über den besten Werten Ende der 1920er Jahre lag. KdF trug zu diesem Erfolg bei, aber der politisch ermöglichte Massentourismus veränderte auch die Art des Reisens und die Qualität des Reiseerlebnisses. Nur die wenigsten KdF-Reisegruppen waren auf Rügen oder auf hoher See unter sich, auch KdF-Reisen waren meistens Kurzreisen, Wanderungen oder Besichtigungstouren im Umland. Hier traf man auf die bürgerlichen Individualtouristen und Gruppen. KdF-Reiseführer gaben eindringliche Hinweise, wie sich der KdF-Reisende zu benehmen habe,[182] und ermahnten ihre Klientel: »Jeder Teilnehmer muß sich zu einer gesitteten und einwandfreien Lebensführung auf der Fahrt verpflichtet fühlen«.[183] Derartige Hinweise hatten ihren Grund. Die KdF-Reisenden galten den bürgerlichen Reisenden als alkoholfreudig und lärmend, geradezu als proletenhaft, und aus Sicht der Kellner waren sie nicht eben freigebig. Sie waren Pauschaltouristen, ihre Reise war vorab bezahlt, und sie benahmen sich auch so. An den Ausflugsorten wie am Rhein widmete das Bedienungspersonal seine Aufmerksamkeit daher eher den privaten Einzel- und Gruppenreisenden.[184]

Die Höhe des Trinkgeldaufkommens ist allerdings kaum zuverlässig zu schätzen. In den Jahren der Weimarer Republik hatte es sich offenbar sehr wechselhaft entwickelt. Zumindest in der lasziven Großstadtkultur der 1920er Jahre sollen auch Trinkgelder großzügig geflossen sein, doch angesichts der veränderten

182 Ebd., S. 61.

183 *Urlaubsfahrten 1938. Die Deutsche Arbeitsfront. N. S. G. Kraft durch Freude. Gau Weser-Ems* [o. O., 1938], S. 47.

184 Thilo Nowack, »›Licht und Bedienung wird nicht berechnet‹. Hotels und Gastronomie«, in: *Rheinreise* (2002) S. 54–59, hier S. 57 f.

Struktur der Urlaubsreisen, der vermehrten Vermietung von Privatzimmern und des generell, auch in Privathaushalten, zurückgehenden Dienstpersonals gab es weniger Gelegenheit, Trinkgeld zu zahlen. Der wirtschaftliche Einbruch von 1929/30 traf dann erst recht die Trinkgeldempfänger. Vermutlich nahm der Umfang des Trinkgeldaufkommens seit 1933 mit der Erholung der Wirtschaft und dem zunehmenden privaten Reiseverkehr wieder zu. Doch Genaues weiß man darüber nicht, denn eine offene Debatte wurde nicht mehr geführt, auch in Lexika der NS-Zeit tauchte der Begriff »Trinkgeld« – anders als vorher – einfach nicht mehr auf.[185] Nicht einmal Reiseführer erwähnten nun noch die Frage der Trinkgelder. Auch Anleitungen für Handelsvertreter und Handlungsreisende, die ständig auf Hotels und Gaststätten angewiesen waren und unter der Trinkgeldsitte besonders zu leiden hatten (in den USA waren sie deshalb vor dem Ersten Weltkrieg sogar zu Vorkämpfern der Anti-Trinkgeld-Bewegung geworden), sprachen nicht von Trinkgeldern, wohl allerdings, wie *Das Recht des reisenden Kaufmanns* von 1939, von »Schmiergeldern«; das mochte man auch auf Trinkgeld im engeren Sinn übertragen:

> Die Zahlung von Schmiergeldern war im Zeitalter der jüdisch-liberalistischen Wirtschaft eine alltägliche Erscheinung. Der nationalsozialistische Staat hat mit dieser Entartung des Wirtschaftslebens aufgeräumt. Es widerspricht nationalsozialistischer Auffassung, sich solcher unlauterer Mittel im Geschäftsverkehr zu bedienen.[186]

Selbst Benimm-Bücher der NS-Zeit verschwiegen das Thema. *Der Moderne Knigge,* der in der NS-Zeit in mehreren Auflagen erschien und dessen Vorgängerauflagen noch auf das Kaiserreich

185 Der letzte, aber offenkundig noch vor der »Machtergreifung« fertiggestellte Lexikoneintrag findet sich in: *Der Große Brockhaus. Handbuch des Wissens in 20 Bänden,* Bd. 19, Leipzig 1934, S. 84. Danach gibt es keine Belege mehr, vgl. zum Beispiel: *Der Volks-Brockhaus. Deutsches Sach- und Sprachwörterbuch für Schule und Haus,* 8., verb. Aufl., Leipzig 1939.

186 Max Mantke, *Das Recht des reisenden Kaufmanns,* 2., erw. Aufl., in der die Rechtsverhältnisse der Ostmark berücksichtigt sind, Berlin 1939, S. 116.

zurückgingen, pries sich selbst als eine *Vollständige Neufassung des altberühmten Buches* von Adolph Freiherr von Knigge *Über den Umgang mit Menschen* an und versprach im Untertitel *Die Beherrschung des guten Tones in allen Lebenslagen* sowie *Gewandtes Auftreten, Beliebtheit durch gewinnende Umgangsformen.* Das Vorwort zur 11. Auflage von 1939 setzte zwar neue politische Akzente, indem es nun gutes Benehmen in einen neuen Kontext einbettete:

> Heute sind wir alle gleichberechtigte und gleich verpflichtete Glieder eines Volkes, auf Gedeih und Verderb miteinander verbunden und jeder nur das wert, was er im Interesse seiner Volksgemeinschaft leistet, wie er sich zu ihr stellt, indem er zuerst bei sich selbst anfängt zu feilen, zu läutern, kurz ein wertvolles Glied in der großen Kette zu werden.[187]

Tatsächlich aber präsentierte das Buch eine eigenartige Mischung von altbackenen Benimm-Regeln und fremd im Text wirkenden nationalsozialistischen Referenzen. So hieß es etwa zu Beginn des Kapitels »Vom Grüßen« ganz traditionell: »Der Herr grüßt die Dame, der jüngere Herr den älteren Herrn, die jüngere Dame die ältere Dame zuerst.« Am Ende des Kapitels aber folgte etwas unvermittelt: »Selbstverständlich grüßt jetzt der deutsche Volksgenosse, wenn er seine Volksverbundenheit zum Ausdruck bringen will, mit dem deutschen Gruß.«[188] Selbst die im Krieg produzierte 13. Auflage änderte daran nichts. Auch das angemessene Verhalten auf Reisen und im Gasthaus wurde weiterhin erläutert. Aber obwohl detailliert behandelt wurde, wie und von wem im Gasthaus die Rechnung zu begleichen sei (»Die Dame bezahlt nicht, wenn der Herr dabei ist«), fehlte in den Vorkriegs- wie Kriegsauflagen jeder Hinweis auf Trinkgelder.[189] Die Trinkgeldpraxis wi-

187 v. Weißenfeld (1941) S. 7.
188 Ebd., S. 148f. Dieselbe Formulierung fand sich auch in den Vorgängerauflagen der NS-Zeit.
189 Ebd., S. 123.

dersprach dem Ideal der »Volksgemeinschaft«, aber toleriert wurde sie dennoch. Am Trinkgeld wollte man offenbar nicht rühren, um keine Grundsatzdebatten zu provozieren. Es war mit dieser Nichtbeachtung paradoxerweise besser geschützt als in Zeiten des Kaiserreichs, als immer wieder über die Bekämpfung der Trinkgelder diskutiert wurde; zu neuen gesetzlichen Initiativen kam es in der NS-Zeit jedenfalls nicht. Man mag daraus schließen, dass auch in einer totalitären Diktatur Lebens- und Handlungsräume blieben, die das Regime nicht erfassen konnte und wollte – möglicherweise nicht zuletzt, weil auch Nationalsozialisten Trinkgelder zahlten oder erhielten.

Diese Art des Umgangs mit einer systemwidrigen Praxis war keine Besonderheit des nationalsozialistischen Deutschland, sondern auch im italienischen Faschismus die pragmatische Lösung innerer Widersprüche. Mit diesem Dilemma sahen sich alle ideologischen Bewegungen, Sozialstaaten und Diktaturen des 20. Jahrhunderts konfrontiert, wenn sie versuchten, einen »Neuen Menschen« und eine neue Gemeinschaft zu schaffen. Nur wenige – wie das frühe Israel mit dem Kibbuz-System – hatten wenigstens vorübergehend Erfolg mit der Zurückdrängung von Trinkgeldern. Den sozialistischen Diktaturen gelang es jedenfalls nicht, den Widerspruch aufzulösen. In der Sowjetunion war Trinkgeld offiziell verpönt. Es galt als bourgeoises Relikt, als Ausdruck überholter Klassenabsonderung, als Verrat an der Würde des Staats und des Staatsbürgers. Das war die Theorie. Die Praxis sah anders aus. Für alle möglichen Dienstleistungen wurden auch unter Stalin Trinkgelder gezahlt, und dies sowohl von Sowjetbürgern als auch von Ausländern. Manche Beobachter brachten das schon in den 1930er Jahren mit der Formulierung auf den Begriff, Trinkgeldgeben sei verboten, werde aber erwartet. Und ein amerikanischer Journalist bemerkte süffisant, der einzige Platz, an dem in Moskau keine Trinkgelder gezahlt würden, sei die US-Botschaft – nicht etwa der Kreml. In den folgenden Jahrzehnten bestand dieser eigenartige Widerspruch fort. In regelmäßigen Abständen wurden Trinkgelder in sowjetischen Zeitungen als vorrevolutionäre Unsitte abgetan, aber die Berichte über immer weiter ausufernde Trinkgeldforderungen in russischen Städten rissen nicht ab. Erst seit Ende der 1960er Jahre fanden sich vereinzelt auch positivere Wertungen der Trinkgeldpraxis in der sowjetischen Presse – Ausdruck der Kapitulation vor den Realitäten ebenso wie der partiellen Tolerierung individueller Bedürfnisse und eingeübter sozialer Praktiken.[190]

Eine ähnliche Entwicklung zeichnete sich in der kommunistischen Volksrepublik China seit 1949 ab. Auch hier wurde Trinkgeld als Ausdruck bürgerlich-individualistischen Gewinnstrebens verboten. Der Arbeiter setze ja ohnehin seine ganze Arbeitskraft für das gemeinsame Wohl ein, besonderer materieller Anreize bedürfe es nicht. Klagen über die Unzulänglichkeit des Dienstleistungssektors blieben freilich nicht aus, konnten aber erst nach dem Ende der Kulturrevolution und Maos Tod 1976 deutlicher ausgesprochen werden. Unter dem neuen starken Mann Deng Xiaoping (seit 1977) wurde auch die Trinkgeldpolitik in charakteristisch zweideutiger Weise betrieben wie die wirtschaftliche Liberalisierung überhaupt. Offiziell blieb es beim Trinkgeldverbot. Gleichzeitig wurde immer wieder einmal, quasi in Form eines Versuchballons, in Leitartikeln der Parteipresse darüber spekuliert, ob eine Zulassung von Trinkgeldern nicht der Qualität von Dienstleistungen und Tourismus zugutekommen würde. Punktuell wurden in manchen von westlichen Geschäftsreisenden und Touristen besuchten Hotels Trinkgelder unter der Hand zugelassen. Dann aber kam es wieder zu offiziellen Kehrtwenden, zu regierungsamtlichen Bekräftigungen des Trinkgeldverbots. De facto weitete sich die Praxis des Trinkgeldes in Hotels und Restaurants während der 1980er und 1990er Jahre immer mehr aus, wenn auch vorerst hauptsächlich im Verkehr zwischen westlichen Touristen und chinesischem Personal. Mit der Übernahme Hongkongs im Jahr 1997 nahm die Mobilität zwischen der dortigen Trinkgeldkultur (auch hier allerdings beschränkt auf die Kontaktzonen zwischen Europäern beziehungsweise britischen Hongkong-Bürgern einerseits, chinesischem Personal andererseits) und

190 Segrave (1998) S. 68, 103 f.

Südchina zu, liberale Trinkgeldpraktiken begannen sich jenseits der Grenzzone im Reise- und Tourismusgewerbe durchzusetzen.[191]

Auch die DDR, der selbsternannte »Arbeiter- und Bauernstaat«, ächtete das Trinkgeld, allerdings eher wie das NS-Regime, das heißt durch offizielles Schweigen. Stattdessen pries man den eigenen Staat, der die Dienstleistungen, von den Gaststätten bis zu den Urlaubsreisen, in die eigene Hand genommen und insofern Trinkgelder überflüssig gemacht habe. Und tatsächlich wies die DDR in dieser Hinsicht auf den ersten Blick Parallelen zum NS-Staat auf. Die Konsequenzen, die Antworten, die Nutzungen der regimespezifischen Möglichkeiten durch die Bevölkerung führten allerdings zu unterschiedlichen Resultaten. Auch die DDR legte großen Wert darauf, die soziale Öffnung des Reisens als Erfolg sozialistischer Politik zu preisen.[192] Das Recht auf Urlaub wurde aus der Verfassung abgeleitet, und seit den 1960er Jahren garantierte der Staat jedem »Werktätigen« einen zweiwöchigen Urlaub. Die Organisation des Reisens lag in öffentlicher Hand. Neben dem staatlichen »VEB Reisebüro der DDR« und dem »Jugendtourist-Reisebüro« sowie dem »Komitee für Touristik und Wandern«, das in Zusammenarbeit mit der »Freien Deutschen Jugend« (FDJ), dem »Freien Deutschen Gewerkschaftsbund« (FDGB) und dem »Deutschen Turn- und Sportbund« Wander- und Touristikfahrten organisierte, war es vor allem der schon 1947 gegründete »Feriendienst« des FDGB, der Reisen anbot und durchführte. Vielfach, und mit zunehmender Tendenz, organisierten auch die Betriebe ein eigenes Reiseangebot oder unterhielten sogar eigene Betriebserholungsheime. Zudem war

191 Ebd., S. 132f.

192 Zum Folgenden: Spode (1996); Hachtmann (2007) S. 141–152; Heike Bähre, *Tourismuspolitik in der Systemtransformation. Eine Untersuchung zum Reisen in der DDR und zum ostdeutschen Tourismus im Zeitraum 1980 bis 2000*, Berlin 2003, bes. S. 234–277; Harald Schmidt [u. a.], *Die Reisen der neuen Bundesbürger. Pilotuntersuchungen zum Reiseverhalten in der früheren DDR*, Starnberg 1990, S. 36–48; Ralf Rytlewski, *Das Leben in Deutschland. Ein Vergleich zwischen BRD und DDR*, Bielefeld 1973 (*Deutschland-Archiv*, Bd. 6). Keines der angesprochenen Werke erwähnt Trinkgelder.

mehr als ein Drittel der Zeltplatz-Kapazitäten den Betrieben vorbehalten.

Ähnlich wie bei »Kraft durch Freude« sollte sich der Einzelne in der Gruppe, im Kollektiv erholen und dabei Solidarität und Gemeinschaftsbewusstsein lernen, etwa durch Kontakte mit der einheimischen Bevölkerung, Betriebsbesichtigungen und Gedenkstättenbesuche. Die »Touristik«, wie es offiziell hieß, »festigt die Volksgesundheit und steigert die Lebensfreude«, sie »hilft bei der patriotischen Erziehung«, und sie müsse dazu beitragen, dass der Reisende die »Heimat kennen und lieben« lerne und »mit den schaffenden Menschen eng verbunden« sei.[193] Das *Magazin für Wandern – Bergsteigen – Zelten – Reisen,* das seit 1957 unter dem Titel *Unterwegs* erschien und 1962, wohl nicht ohne Grund nach dem Mauerbau, wieder eingestellt wurde, grenzte sich ausdrücklich von den bürgerlichen Wander- und Tourismusverbänden ab, die Faschismus und Krieg mit vorbereitet hätten, und sah im Tourismus eine »scharfe Waffe im nationalen Kampf unseres deutschen Volkes«. Die Zeitschrift sollte »mit den Errungenschaften und Schönheiten unserer sozialistischen Heimat [...] vertraut machen« und »für Frieden, Freundschaft und Sozialismus« wirken.[194] Warum die erste Geschichte, die im neuen Heft nach den Grußworten und dem Editorial abgedruckt wurde, eine Reiseglosse des Amerikaners Mark Twain war, blieb allerdings das Geheimnis der Redaktion. Einen unpolitischen Tourismus gab es jedenfalls nach dem Programm von *Unterwegs* ebenso wenig wie individualistisches Reisen: »Keiner darf abseits stehen!«[195] Auch das danach unter dem Titel *Touristik Information* erscheinende *Mitteilungsblatt des Komitees für Touristik und Wandern der DDR* unterstrich die politische Bedeutung der Urlaubsreise. Beide Periodika gaben zwar auch praktische Reisetipps, aber keinerlei

193 *Handbuch für den Fahrten- und Wanderleiter,* hrsg. vom Komitee für Touristik und Wandern der Deutschen Demokratischen Republik, Berlin 1968, S. 7, 10, 12; vgl. Hasso Spode, »Tourismus in der Gesellschaft der DDR. Eine vergleichende Einführung«, in: H. S. (1996) S. 11–34, hier S. 30f., Anm. 24.

194 *Unterwegs. Magazin für Wandern – Bergsteigen – Zelten – Reisen* 1 (1957) H. 1, S. 1.

195 Gerhard Wenzel, »Keiner darf abseits stehen!«, in: ebd. 2 (1958) H. 6, S. 1–3.

Hinweise auf Trinkgeld. Beim sozialistischen Gruppentourismus war Trinkgeld, als Ausdruck von Individualisierung und Konkurrenz, fehl am Platz.

Insgesamt nahm der Tourismus in der DDR zwar zu, der Anteil des FDGB am Tourismus zumindest in der Spätzeit aber ab (von 48,4 Prozent 1980 auf 42,6 Prozent 1988), und dies zugunsten privater, selbstorganisierter Reisen. Davon profitierten aber nicht primär Gaststätten und Hotels: Sie nahmen weit unter 20 Prozent der Touristen auf. Die geringe Hoteldichte (noch 1989 kamen in der DDR auf 1000 Einwohner drei Hotelbetten, in der Bundesrepublik dagegen 19 Hotelbetten),[196] die Bevorzugung der Betriebe und Institutionen bei der Platzvergabe und die strukturell bedingte mangelnde Flexibilität beim Aufbau einer touristischen Infrastruktur führten dazu, dass sich der Tourismus mehr und mehr auf Zeltplätze und privat vermietete Zimmer verlagerte. Gerade Camping war flexibel, konnte privat vorbereitet und individuell gestaltet werden. Vor allem konnte anders als beim FDGB- oder Betriebsheim-Urlaub das Reiseziel in gewissem Maß selbst bestimmt werden. Die DDR sah keine Möglichkeit, diese politisch unerwünschte Individualisierung des Reisens zu stoppen.

Das gilt auch für die Auslandsreisen, die seit Anfang der 1970er Jahre deutlich zunahmen. Leisteten sich 1971 32 Prozent der Haushalte eine Urlaubsreise im Inland, aber nur 3 Prozent einen Auslandsurlaub, so waren es 1988 schon 10 Prozent, die ins Ausland fuhren, gegenüber 39 Prozent, die ihre Reiseziele im Inland fanden.[197] Organisiert wurden die Auslandsreisen nicht vom FDGB und weniger von den Betrieben, sondern zum Teil vom staatlichen Reisebüro der DDR und zum Teil – und zwar weit überwiegend – privat, oft wiederum als Campingurlaub. Reiseziele waren (fast) nur die sozialistischen Länder im östlichen Europa, favorisiert wurden die Tschechoslowakei, Polen, Ungarn, Rumänien und Bulgarien. Auch manche außereuropäischen Länder (Ägypten, Indien) konnten besucht werden, allerdings nur mit

196 Bähre (s. Anm. 192) S. 237.

197 Susanne Müller, *Von der Mangel- zur Marktwirtschaft. Analyse der Konsumbedingungen und des Konsumverhaltens in der DDR*, Leipzig 2000, S. 157.

staatlichen Reisegruppen. In den Auslandsreisen offenbarte sich die Widersprüchlichkeit der DDR-Politik vielleicht am deutlichsten. Einerseits befürwortete die DDR den Ost-Tourismus, andererseits behinderte sie ihn durch ihre Devisenpolitik. Im *Taschenbuch für Auslandsreisen* von 1961, herausgegeben »unter Mitwirkung des Deutschen Reisebüros und des Komitees für Touristik und Wandern der Deutschen Demokratischen Republik«, wurde der politisch-didaktische Ertrag der Reise in die sozialistischen Nachbarländer betont:

> Die Länder des sozialistischen Lagers ziehen von Jahr zu Jahr einen immer größeren Besucherstrom aus aller Welt an. Das ist auch verständlich, denn das sozialistische Lager – mit der Sowjetunion als Zentrum – bestimmt heute das Gesicht unserer Zeit. [...] In den Ländern des sozialistischen Lagers sind alle Voraussetzungen gegeben, auf wirtschaftlichem und kulturellem Gebiet einen ungeheuren Aufschwung zu erreichen. [...] In einigen Jahren wird das sozialistische Lager den Hauptanteil der industriellen Weltproduktion liefern. [...] Die Kunst gelangt in den Ländern des sozialistischen Lagers – entsprechend der kulturellen Tradition eines jeden Volkes – zu einer immer größeren Blüte, ja, sie erhielt in einigen Ländern erst die Möglichkeit, sich zu entfalten. Denken wir nur an die Kulturstätten, die z. B. in Albanien seit Errichtung der Volksmacht gebaut wurden! So erleben wir also auf unseren Reisen in die Länder des sozialistischen Weltsystems unmittelbar die herrliche Perspektive, die der Sozialismus den Werktätigen gibt.[198]

Albanien zählte freilich nicht zu den bevorzugten Zielen der ostdeutschen Auslandstouristen. Sie suchten auch nicht die sozialistischen Errungenschaften, sondern Erholung und Konsum. Dabei

198 *Taschenbuch für Auslandsreisen*, hrsg. unter Mitwirkung des Deutschen Reisebüros und des Komitees für Touristik und Wandern der Deutschen Demokratischen Republik, 3., neugefaßte Aufl., Berlin 1961, S. 9f.

gab es allerdings ein Problem: Die DDR begrenzte aus devisenpolitischen und wohl auch ideologischen Gründen den Betrag, der in die jeweilige Landeswährung umgetauscht werden durfte. Zudem musste der Geldfluss bei der Auslandsreise genau nachgewiesen werden. Das engte den Spielraum der Touristen ein. An den Schwarzmeerstränden oder in den tschechoslowakischen Kurorten trafen DDR-Bürger mit Westtouristen, womöglich Westdeutschen, zusammen und sahen sich mit deren Möglichkeiten konfrontiert. Der Umgang mit Trinkgeld wurde dabei zum Symbol. Westtouristen konnten es sich angesichts außerordentlich günstiger Preise erlauben, großzügig aufzutreten. Das üppige Trinkgeld in Westdevisen zeigte an, dass die bundesdeutschen Tschechoslowakei- oder Schwarzmeer-Urlauber, die im eigenen Land ihrerseits als Billigtouristen eher mitleidig belächelt wurden, gewissermaßen auf Zeit zur herrschaftlichen Schicht aufstiegen. Unversehens zählten sie zu den umworbenen wohlhabenden Touristen. Für DDR-Bürger war das umso demütigender, wenn sie mit ansehen mussten, wie die Westdeutschen von den Kellnern der sozialistischen »Bruderländer« hofiert und zuvorkommend bedient wurden, während sie selbst geflissentlich übersehen wurden. Trinkgelder in Ostwährung halfen da wenig.

Dennoch wurden Trinkgelder gegeben. Wiederum aber ist der Umfang schwer abzuschätzen, denn in Arbeiten aus der DDR-Zeit findet sich kaum ein Hinweis. Es gab keine öffentliche, gar wissenschaftliche Debatte über Trinkgelder. In Selbstdarstellungen der DDR ist davon keine Rede, und DDR-Lexika wie das *Neue Meyers-Lexikon* führten das Stichwort »Trinkgeld« nicht auf. Auch in Reiseführern und Reiseanleitungen der DDR scheint es nicht aufgetaucht zu sein. Dasselbe gilt erstaunlicherweise ebenfalls für westdeutsche Reiseanleitungen zur DDR. Weder kommerzielle Reiseführer noch bundesrepublikanische Merkhefte über Reisebedingungen, Zwangsumtausch und Verhaltensweisen in der DDR erwähnten das Thema; es wurde freilich auch nicht davor gewarnt, Trinkgeld zu geben. Der Reisende wurde hier alleingelassen. Selbst in der Wendezeit des Jahres 1990, als zahlreiche Westdeutsche erstmals Gelegenheit hatten, die DDR zu bereisen, fehlten in den einschlägigen Reiseführern wie dem *Merian*-Sonderheft von 1990 über die DDR Hinweise und Empfehlungen zu Trinkgeldgebräuchen. Dabei besteht kein Zweifel, dass westdeutsche Reisende in der DDR Trinkgelder gaben: in Ostmark, wenn sie überschüssigen Zwangsumtausch loswerden mussten, in Westmark, wenn sie etwas erreichen wollten.

Bemerkungen zum Trinkgeld enthält nur ein Benimm-Führer aus der frühen DDR. *Keine Angst vor guten Sitten,* proklamierte Karl Kleinschmidt 1957. Er zielte in Anlehnung an Knigge auf »die Art miteinander umzugehen«. Knigge sei kein Reaktionär, sondern ein »Revolutionär« gewesen, »ein fortschrittlicher Schriftsteller des 18. Jahrhunderts«, der »für seine Zeit ein Problem zu lösen versucht hat, das uns unter ganz anderen Verhältnissen durch eine neue revolutionäre Veränderung der Klassenverhältnisse heute neu aufgegeben ist«. Früher seien die Umgangsformen von den Klassen- und Abhängigkeitsverhältnissen dominiert worden. Jetzt, in der DDR, gehe es aber nicht darum, dem Vorgesetzten auf dem Bürgersteig auszuweichen, und auch nicht um den »Weg zum Erfolg«, sondern um »mehr Rücksichtnahme, Freundlichkeit und Höflichkeit gleichgestellter und gleichgesinnter Menschen untereinander«. In dieser Weise äußerte sich Kleinschmidt auch zum Trinkgeld. Hier sei im Einzelfall zu entscheiden. Es liege im »Belieben und Vermögen« des Gastes. Auch wenn es keine Verpflichtung zur Zahlung gebe – und ebenso kein Verbot –, solle man »Hoffnungen nach Möglichkeit nicht enttäuschen«. Wichtig seien dabei »Taktgefühl und die Achtung vor dem Menschen, der Sie bedient«.[199] Nur wenige Jahre später, in einer neu bearbeiteten Auflage von 1963, verkündete Kleinschmidt allerdings geradezu das Gegenteil. Mittlerweile hatte sich der wirtschaftspolitische Kurs verschärft. Seit den späten 1950er Jahren intensivierte die DDR den Kampf gegen die Reste der Privatwirtschaft. Nun attackierte auch Kleinschmidt Trinkgeld als Beleidigung für jeden Kellner. In einer sozialistischen Gesellschaft, in der jeder angemessen besoldet werde, sei es un-

199 Kleinschmidt (1957) S. 20, 22, 26f., 131.

angebracht: »Das Bedienen ist die Aufgabe der Kellner, dafür bekommen sie ihr Gehalt. Es ist doch keine Anerkennung ihrer guten Arbeit, wenn ich ihnen zwanzig oder auch fünfzig Pfennig Trinkgeld gebe.« Daher empfahl Kleinschmidt, diesen »Bettelpfennigen« nach erprobtem sozialistischen Muster zu Leibe zu rücken: »Wie wär's mit Kellner- oder auch Friseursbrigaden, die sich unter anderem dazu verpflichten, keine Trinkgelder mehr zu nehmen?«[200]

Auch dieser Vorschlag war erfolglos, Trinkgeld wurde weiterhin gezahlt. Gaststätten in der DDR waren in der Regel volkseigene Betriebe, der Anteil privater Restaurants sank von 16,4 Prozent 1960 auf 2,8 Prozent 1980 und blieb in den Folgejahren bei knapp 3 Prozent.[201] Gaststättenleiter und Kellner in volkseigenen Lokalen erhielten neben ihrem Fixlohn eine Provision in Höhe von etwa 8 Prozent des Umsatzes. Ein Kellner hatte einen geringeren Lohn als der Leiter des Lokals. Letzterer konnte beispielsweise, so im Bezirk Rostock 1970, einschließlich Provision auf 800–1200 Mark (DDR) kommen, Ersterer dagegen bestenfalls auf rund 600–700 Mark. Das monatliche Durchschnittseinkommen in der volkseigenen Wirtschaft der DDR lag zu dieser Zeit bei 755 Mark. Aber offen eingestanden wurde, dass der Kellner noch zusätzlich nicht unbeträchtliche Trinkgelder erhielt.[202] Diese wurden freilich selten näher beziffert. In vielen Fällen war überdies unklar, ob es sich bloß um Trinkgeld im eigentlichen Sinn handelte, um eine nachträglich gezahlte Anerkennung ohne Gegenleistung, oder ob nicht im Vorhinein gezahlt worden war, etwa für eine Reservierung, für eine bessere Bedienung oder sogar überhaupt für eine schnelle Platzierung – denn in der DDR konnte

200 Kleinschmidt ([3]1963) S. 111–113; vgl. Asserate (2003/07) S. 180–182.

201 Horst Brezinski, *The Second Economy in the GDR – Pragmatism is Gaining Ground*, Paderborn 1987, S. 40.

202 So als Beispiel entnommen aus der Niederschrift einer – punktuellen und nicht repräsentativen – Befragung (Tonbandprotokoll) eines Barleiters: Erika Runge, *Reise nach Rostock, DDR*, Frankfurt a. M. 1971, S. 127 f.; Durchschnittseinkommen der DDR nach: Elvir Ebert, *Einkommen und Konsum im Transformationsprozeß. Vom Plan zum Markt – vom Mangel zum Überfluß*, Opladen 1997, S. 43.

man sich in der Gaststätte nicht einfach einen Tisch aussuchen, sondern erhielt vom Kellner einen der raren Plätze zugewiesen: »Sie werden platziert.« Gerade in der DDR waren die Grenzen zwischen Trinkgeld und Bestechung fließend.[203]

Das monetäre Trinkgeld war dabei ohnehin zweitrangig. Das Problem der DDR-Bürger spätestens in der Honecker-Zeit seit 1971 lag nicht im Geldmangel, sondern darin, dass man für das umlaufende Geld nicht das Notwendige und Gewünschte erwerben konnte. Allein zwischen 1980 und 1988 stiegen die Spareinlagen um 51,9 Prozent an. Die Kaufkraft nahm somit zwar zu, aber damit konnte man nichts anfangen, denn Konsumgüter und Dienstleistungen waren auf dem – legalen – Markt nicht hinreichend erhältlich.[204] In der DDR war nahezu alles knapp, oder es konnte knapp werden. Deshalb wurde, was gerade erhältlich war, auf Vorrat gekauft, um in Zeiten der Knappheit davon zehren oder damit tauschen zu können. Was nur über Bestellung (Kraftfahrzeuge, Farbfernseher etc.) oder auf Antrag (Wohnungen) zu erhalten war, musste bis zu 20 Jahre im Voraus bestellt beziehungsweise beantragt werden. Was fehlte, musste »organisiert« werden, ob Güter oder Dienstleistungen und Handwerker-Reparaturen, ob ein Tisch im Restaurant oder ein Platz im Betriebsurlauberheim oder im Hotel. Höheren Wert als Trinkgelder hatten daher sachliche Gefälligkeiten: Fähigkeiten, die man anzubieten hatte, Material, auf das man Zugriff hatte, konnten als nützliches Tauschangebot eingesetzt werden, wenn man keine Westmark hatte, mit der man in Intershops auch Westwaren einkaufen konnte. Ein florierender Kleinanzeigenmarkt legte vom Tauschhandel Zeugnis ab. »Die Ware ist das wahre Zahlungsmittel des Landes«, hieß es daher.[205] Auf der Gewinnerseite dieses Systems standen Handwerker, Verkäufer, die »Bückware« unter der Theke anzubieten hatten, und auch Kellner. Die Ostberliner Schriftstellerin Monika Maron sprach gar von der »Diktatur der Kellner

203 Stefan Wolle, *Die heile Welt der Diktatur. Alltag und Herrschaft in der DDR 1971–1989*, Bonn 1998, S. 213–215.
204 Ebert (s. Anm. 202) S. 44–47.
205 Irene Böhme, *Die da drüben. Sieben Kapitel DDR*, Berlin 1982, S. 73.

und Verkäuferinnen«.[206] In dieser Perspektive waren Trinkgelder Teil der Schattenwirtschaft. Ohne diese »informelle« Wirtschaft, die »zweite Wirtschaft«, die »Parallelwirtschaft«, die »Ausweichwirtschaft im Sozialismus«, von der die mittlerweile recht breite Fachliteratur spricht, hätte die DDR nicht existieren können; Trinkgelder – im weiteren Sinn verstanden – waren Schmiermittel des Wirtschaftskreislaufs.[207] Im engen Sinn dagegen waren sie im Grunde überflüssig. Es fehlten Antriebe für individuelles Engagement bei einer Dienstleistung, wenn die Honorierung in DDR-Mark keinen Nutzeffekt hatte. Und schließlich mangelte es dem Trinkgeld in der DDR – wie dem Ostgeld überhaupt – an einer sozial distinktiven Kraft: Kellner waren nicht schlechter bezahlt als Gebildete, sie standen auf der sozialen Leiter nicht unter dem Kunden, sondern durch ihre Verfügung über ein knappes Gut in gewisser Weise schon per se über ihm. Ein paar Münzen des Gastes im Nachhinein – das hätte die realen Verhältnisse auf den Kopf gestellt. Materiell und symbolisch war das in der DDR widersinnig.

206 Zit. nach: Annette Kaminsky, *Illustrierte Konsumgeschichte der DDR,* Erfurt 1999, S. 92.

207 Ebert (s. Anm. 202) S. 83–85; Brezinski (s. Anm. 201) S. 9 f., 13–17; E. Ulrich Cichy, *Wirtschaftsreform und Ausweichwirtschaft im Sozialismus. Zur Rolle der Ausweichwirtschaft im Reformprozeß sozialistischer Planwirtschaften, dargestellt am Beispiel der DDR, Polens und Ungarns,* Hamburg 1990, S. 85 f., 106–111; *Wunderwirtschaft. DDR-Konsumkultur in den 60er Jahren,* hrsg. von Neue Gesellschaft für Bildende Kunst, Köln 1996, S. 12–18, 21–36 u. ö.

»Tippers Anonymous«
Trinkgeld in der Weltgesellschaft nach 1945

Im Jahr 1935 wurden in den USA die »Alcoholics Anonymous«, die »Anonymen Alkoholiker«, gegründet. Ziel war es, durch gegenseitige Hilfe der Alkoholabhängigen, durch den Erfahrungsaustausch in kleinen Gruppen, durch die Selbstkontrolle, die individuelle Gefährdung in den Griff zu bekommen, um ein gesellschaftliches Problem zu lösen, die – vermeintlich oder real – immer weiter zunehmende Alkoholabhängigkeit. Die Gruppen standen miteinander in Kontakt, doch gab es keine feste Organisationsstruktur und keine Mitgliedsbeiträge. Die Anonymität der Mitglieder wurde zudem strikt gewahrt. Auf den ersten Blick erscheinen die »Anonymen Alkoholiker« bloß als Spätfolge der amerikanischen Temperenzbewegung des 19. Jahrhunderts und Antwort auf die gescheiterte »Prohibition«, also das Verbot von Einfuhr, Herstellung und Vertrieb alkoholischer Getränke in den USA zwischen 1919 und 1933. Auf lange Sicht aber wurden die »Anonymen Alkoholiker« weltweit zur Erfolgsgeschichte sondergleichen. Auch in vielen Ländern Europas bildeten sich Selbsthilfegruppen Alkoholabhängiger, allein in Deutschland gab es am Ende des 20. Jahrhunderts rund 2500 Gruppen. Das Prinzip der anonymen Selbstorganisation wurde sogar auf eine Reihe anderer suchtartiger Gefährdungen übertragen, bis zu den »Overeaters Anonymous«. Freilich: Hinter der Erfolgsgeschichte der Organisation – und vieler Einzelner, die vom Alkohol loskamen – stand der Misserfolg in dem Anliegen an sich. Die Gefährdung durch Alkohol und andere, immer neue Suchtmittel blieb bestehen. Der Alkoholkonsum nahm in Deutschland bis heute sogar zu.[208] Lag der jährliche Pro-Kopf-Verbrauch an reinem Alkohol im Fünfjahresdurchschnitt zu Beginn des Deutschen Kaiserreichs bei 9,5 Litern, so sank er dann langsam und stetig bis auf unter 9 Liter nach der Jahrhundertwende. In der Weimarer Republik fiel er während der ersten Hälfte der 1920er Jahre drastisch auf 3,1 Liter, gefolgt von einem nur geringen Zuwachs auf 4,4 Liter in der zweiten Hälfte der 1920er Jahre. Vorannahmen eines Zusammenhangs zwischen sozialer Krise und Alkoholkonsum bestätigen sich insofern nicht, vielmehr belegen schon für das Jahr 1900 die Zahlen, dass eher steigender Wohlstand, übrigens in Deutschland wie in Frankreich, zur Zunahme des Alkoholkonsums führte.[209] Das bestätigt sich für die Bundesrepublik, wo der jährliche Pro-Kopf-Verbrauch an Alkohol über 3,4 Liter Anfang der 1950er Jahre bis 11,1 Liter Anfang der 1980er Jahre stetig anstieg. Seitdem scheint, parallel zur Stagnation der Wirtschaft, eine gewisse Stabilisierung oder sogar ein leichter Rückgang eingetreten zu sein.

Knapp 25 Jahre nach der Gründung der »Anonymen Alkoholiker« entstand im Jahr 1959 in den USA eine Bewegung, die sich »Tippers Anonymous« nannte. Nicht von ungefähr folgte sie zumindest dem Namen nach dem Modell der »Anonymen Alkoholiker«, wurde doch, ähnlich wie in den deutschen Reformbewegungen um 1900, ein enger Zusammenhang zwischen Alkoholkonsum und Trinkgeldpraxis gesehen, zumal beide nur als Symptome für den Verfall der Gastwirtschafts- und Dienstleistungskultur galten. Allerdings folgte die neue Organisation nicht streng dem Modell der »Anonymen Alkoholiker«, man traf sich nicht in Kleingruppen zur internen und individuellen Selbsthilfe, sondern wollte wirken, indem man bei der Bezahlung in der Gaststätte eine Karte hinterließ, auf der die Intention der Organisation erläutert wurde. Es ging dem Gründer Robert Farrington, der in einer Werbeagentur in Boston arbeitete, nicht einmal um

208 Die folgenden Zahlen zum Alkoholkonsum in Deutschland nach: Spode (1993) S. 378.

209 Wolfgang Schultz, »Die wahre Realpolitik in der Bekämpfung des Alkohols«, in: *Die Zeit. Nationalsoziale Wochenschrift* 2 (1902) S. 620–624, hier S. 622.

die völlige Abschaffung von Trinkgeldern, sondern vor allem um das Bewusstsein für angemessenes, individuelles Trinkgeld. Andere Organisationen waren radikaler, etwa die NOTIP, gegründet 1967 in New York. NOTIP stand für »Nationwide Operation To Instill Pride« und wollte Trinkgelder tatsächlich ganz verhindern, wiederum durch die dann von mehreren Organisationen aufgegriffene Praxis, eine erklärende Karte statt eines Trinkgeldes auf dem Tisch des Gasthauses zu hinterlassen. 1972 bildeten sich in Wisconsin die »Tippers International«. Auch die Mitglieder dieser Organisation (die ein Maskottchen namens »Robby Tipper« einführte) hinterließen Karten, auf denen sie notierten, wenn sie mit dem Service nicht zufrieden waren. Mitte der 1990er Jahre gab »Tippers International« eine Mitgliedschaft von immerhin 35 000 an, »Tippers Anonymous« lag nach eigener Aussage bei 15 000 Mitgliedern.[210]

Derartige Organisationen machten eine bestimmte Deutung der Trinkgeldpraktiken populär: Sie stellten den Trinkgeldgeber als Opfer einer Konvention dar. Und das Trinkgeld, jedenfalls das gedankenlos gegebene, nur der Konvention folgende Trinkgeld, war demgemäß eine Krankheit, eine Plage, wie es immer wieder formuliert wurde. Denn im Kontext der Debatten um Prohibition und Alkoholismus wurde auch der Konsument immer stärker als Opfer gesehen, Konsumentenvereinigungen förderten diese Sicht. Erste Meinungsumfragen seit den 1940er Jahren bestätigten allerdings das Bild nicht ganz, sie blieben vieldeutig. Das lag möglicherweise daran, dass Amerikaner einerseits generell Misstrauen gegenüber Sinn und Legitimation staatlicher Eingriffe hegten und die Angelegenheit lieber dem Einzelnen überlassen wollten, dass sie andererseits von der moralisch zersetzenden Wirkung der Annahme von Trinkgeld auf den Einzelnen überzeugt waren. Jedenfalls hielten die kontroversen Debatten in den USA an, und die Berichte über Kellner und Hotelbediente, die Trinkgeldverweigerer rüde attackierten, ihnen verbranntes Essen präsentierten oder ihr Gepäck verloren gehen ließen, nahmen

210 Segrave (1998) S. 96 f., 124 f.

wieder zu. Manche Eisenbahn- und Schifffahrtsgesellschaften, etwa die C & O Railway 1947 und die Holland-America-Line 1960, versuchten es auch wieder einmal mit Trinkgeldverboten, mussten aber ihre Politik innerhalb weniger Jahre revidieren, als sie merkten, dass weder Personal noch vor allem die Kunden mitzogen. Die schlichten finanziellen Fakten sprachen gegen eine Reform. Noch in den 1960er und 1970er Jahren bezogen Kellner in den USA die Hälfte ihres Einkommens aus Trinkgeldern. Und die Konflikte über Trinkgelder hielten auch in den folgenden Jahrzehnten an. Wiederholt kam es zu Drohungen und manchmal gewalttätigen Auseinandersetzungen zwischen Dienstboten, Kellnern oder Taxifahrern und Restaurantgästen oder Kunden. Einmal verfolgte ein Taxifahrer einen Kunden, der die Rechnung von 4,50 Dollar auf nur 5 Dollar aufgerundet hatte, voller Wut bis in das Haus, das der Kunde betreten hatte, rutschte dort aus und verletzte sich derart, dass er einige Zeit arbeitsunfähig war. Das wollte er als Arbeitsunfall anerkannt sehen, um eine Unfallrente zu erhalten. Er scheiterte allerdings vor Gericht. Aufsehen erregte außerdem ein Fall aus dem kanadischen Montreal: Im Jahr 1995 wurde ein älteres Ehepaar von Teenagern ermordet. Darunter war auch der Zeitungsausträger. Die beiden hätten nie Trinkgeld gegeben, nicht einmal an Weihnachten, brachte er zu seiner Verteidigung vor.[211]

In Nordamerika blieb Trinkgeld also mehr als nur eine Sitte oder gar eine Option, sondern eine soziale Verpflichtung, zumal nach wie vor in der Regel kein Servicegeld in der Rechnung enthalten war. Trotz mancher Initiativen, die leidige Angelegenheit durch höhere Mindestlöhne im Gastgewerbe in den Griff zu bekommen, wollte der Staat lediglich Rechtssicherheit schaffen und seine eigenen Ansprüche verbindlich fixieren. Durch eine Reihe von Bestimmungen versuchte man sicherzustellen, dass Trinkgeldeinnahmen ordnungsgemäß angegeben und steuerlich erfasst wurden. In zahlreichen Berufen der Dienstleistungsbranche gingen die Angestellten daher weiterhin davon aus, dass sie einen le-

211 Ebd., S. 70–79, 84f., 102f., 112f.

gitimen, wenn nicht sogar legalen Anspruch auf Trinkgeld hätten. Ob der Kunde für gutes Trinkgeld allerdings auch bessere Dienste erwarten konnte, war mehr als fraglich. Eher galt das auf einen Friseursalon bezogene Wort: Gute Trinkgeldgeber bekommen zwar keinen besseren Haarschnitt, aber noch einen Termin selbst am dicht belegten Samstag.[212] Die meisten Kunden fügten sich in ihr Schicksal und suchten sich nur noch im Gewirr der Erwartungen und Üblichkeiten zurechtzufinden. Seit den 1970er Jahren wurden in den USA zahlreiche Trinkgeldführer veröffentlicht, zum Teil spezialisiert für bestimmte Branchen oder für bestimmte Arten von Trinkgeld wie das Weihnachts- oder Neujahrstrinkgeld. Auch über die Trinkgeldsitten im Ausland wurde in derartigen Anleitungen sowie in Reiseführern jetzt ausführlich berichtet. Das alles sollte den Konsumenten besser absichern. De facto führte es zu einer Normierung und Standardisierung der Trinkgeldpraktiken. Es gab jetzt feste Vorgaben, welchem Dienstboten welcher Betrag zustand. Nunmehr musste man nicht mehr individuell mit dem Kellner durch Blicke und Gesten aushandeln, was zu zahlen war, man konnte es vorab nachlesen und sich nach Bedienungsanweisung verhalten. Das schuf Sicherheit, ließ aber auch keinen individuellen Spielraum mehr zu, keine Entscheidungsfreiheit, keine persönliche Dankbarkeit. Aber es machte es möglich, mit der ständigen Trinkgeldforderung im Alltag besser zurechtzukommen.

Nicht nur für die Trinkgeldzahler erschienen nun Ratgeber. Vielmehr gab es jetzt auch Anleitungen für die Trinkgeldempfänger, das Dienstpersonal diverser Branchen, wie es seine Spielräume nutzen und die Trinkgeldeinnahmen mehren, das heißt die Kunden durch Gesten, Verhaltensweisen und Worte für sich gewinnen konnte.[213] Der Aushandlungsprozess zwischen Gast und Kellner wurde gewissermaßen auf eine neue Ebene gehoben, neue Bataillone wurden ins Feld geführt, Experten zu Rate gezogen, um als Sieger aus dem unausgesprochenen täglichen Kampf hervorzugehen. Zugleich bemächtigte sich die wissenschaftliche Psychologie der Trinkgeldpraxis. Erste Studien waren schon seit den 1950er

212 Ebd., S. 114f.
213 Vgl. ebd., S. 139f.

Jahren erschienen und hatten, auf mehr oder minder fester empirischer Basis, unterstrichen, dass es keinen nachweisbaren Zusammenhang zwischen der Qualität der Bedienung und der Höhe des Trinkgeldes gab. Vielmehr wurde nun das Bedürfnis nach Rang und Prestige hervorgehoben: »The average person is inherently a tipper. It gives him a chance to be a big shot.« Es gehe also um das quasi ewige Spiel, wer »master or slave« sei.[214] Spätestens seit den 1970er Jahren kannte dann die akademische Forschung kein Halten mehr. Alle denkbaren Aspekte der Trinkgeldpraktiken wurden untersucht, namentlich in Hinsicht darauf, welche Rahmenbedingungen die Großzügigkeit des Gastes beförderten. Es ging letztlich um behavioristische Theorien, um Techniken der Manipulation des Gastes. Dabei entstand eine ganze Liste von Hinweisen, wie der Kellner – oder noch eher die Kellnerin – dem Gast möglichst viel Trinkgeld aus der Tasche ziehen konnte.

Nur eine kleine Auswahl der Befunde deutet die Richtung an, das meiste erscheint sofort nachvollziehbar, manches ist aber auch so banal und vordergründig, dass eine unmittelbare Wirkung kaum glaubhaft erscheint. Gut aussehende Kellnerinnen erhielten im Schnitt ein um etwa 5 Prozentpunkte höheres Trinkgeld als weniger attraktive Kellnerinnen. Aber während die Letzteren durch guten Service ihr Trinkgeld um 3 Prozentpunkte anheben konnten, also deutlich, aber nie auf das Niveau der Ersteren, konnten diese Ersteren durch guten Service auch nichts mehr verbessern, das Trinkgeld sank dann kurioserweise sogar um einige Prozentpunkte. Signifikant höher war das Trinkgeld, wenn die Kellnerin den Gast leicht und kurz an der Schulter berührte, während sie ihn fragte, ob das Essen in Ordnung war. Allerdings war bei weiblichen Gästen der Effekt größer als bei männlichen. Positiv auf die Höhe des Trinkgeldes wirkte sich außerdem aus, wenn die Bedienung lächelte, sich persönlich vorstellte, auf die Rechnung eine Sonne oder ein ›Smiley‹ zeichnete, eine Scherzkarte der Rechnung beilegte oder auf der Quittung ein »Danke« vermerkte.[215] Und gut für das Trinkgeld war es auch, wenn die Sonne schien. Im Übrigen

214 Ebd., S. 107–109, Zitat S. 107.
215 Guégen/Legohérel (2000); Guégen (2002).

galt: Weiße US-Amerikaner gaben mehr als Afroamerikaner. Sie gaben auch mehr als Amerikaner asiatischer Herkunft, allerdings waren die Unterschiede hier nicht so gravierend, sie mochten auch auf Einkommensunterschieden beruhen. Weiße und *Hispanics* unterschieden sich dagegen nicht in der durchschnittlichen Höhe des Trinkgeldes, wohl allerdings in der konkreten Umsetzung, in den Kriterien und der Praxis der Übergabe; bei *Hispanics* war die Höhe zum Beispiel eher von der Qualität der Bedienung abhängig.[216] Wer mit Kreditkarte zahlte, gab mehr Trinkgeld als der Barzahler. Beim gemeinsamen Essen mit einem Mann hinterließ der Zahler weniger Trinkgeld als beim Essen mit einer Frau. Wenn mehrere Gäste am Tisch waren, wurde im Schnitt weniger Trinkgeld gegeben, als ein Einzelgast zurückließ. Das widersprach zumindest der Vermutung, der Trinkgeldgeber wolle seine Großzügigkeit vornehmlich gegenüber den Kollegen, Freunden oder Verwandten am Tisch demonstrieren. Insofern ging es beim Trinkgeld offenbar primär um die unmittelbare Beziehung zwischen Kellner und Gast; beim Einzelgast entstanden besondere persönliche Verpflichtungsempfindungen.

Insgesamt kamen mehr und mehr amerikanische Studien, besonders die Arbeiten des Hotelbetriebswirts Michael Lynn von der New Yorker Cornell University,[217] der in *Cross-country*-Studien neben den USA zahlreiche europäische Staaten sowie Japan, Australien und Neuseeland einbezog, zu dem Ergebnis, dass die Höhe der Trinkgelder im Gastwirtschaftsgewerbe zwar auch, aber nicht im zu vermutenden Ausmaß mit der Qualität der Bedienung in Zusammenhang stand.[218] Dafür fiel wieder einmal der Zusammenhang mit Status und Prestige ins Auge: Je wichtiger in einer Gesellschaft Statusfragen genommen wurden, desto größere Bedeutung hatten Trinkgelder.[219] Trinkgeldzahlungen waren nach dieser Deutung auch eine Sitte, die dazu diente, auf der einen Seite den Neid des Dienstpersonals auf Erfolg, Geld und Glück der

216 Lynn/Thomas-Haysbert (2003).
217 Jüngst zusammenfassend: Lynn (2006).
218 Lynn/McCall (2000).
219 Lynn (1997); Lynn [u. a.] (1993).

Gäste und Kunden auszugleichen und auf der anderen Seite Schuld- und Schamgefühle der Gäste zu beruhigen.[220] In der Summe erschien die Praxis des Trinkgeldgebens als Teil eines Geflechts von sozialen Kommunikationsformen, Verhaltensnormen und Werten, die freilich je nach nationaler Kultur differieren konnten.[221] Zudem unterstrichen die Studien, dass ein beträchtlicher Teil der Voraussetzungen für ein hohes Trinkgeld in der Hand der Bedienung lag. Die national eingeübten Normen konnten die Kellner zwar ebenso wenig verändern wie das Wetter, aber innerhalb dieser Bedingungen konnten sie agieren, und sei es nur durch eine Sonne auf der Rechnung.

Derartige Studien legten nahe, dass die Praktiken rund um das Trinkgeld Teil eines psychologischen Spiels waren, eines beständigen, dynamischen Prozesses der Aushandlung von Optionen, bei dem es darauf ankam, möglichst geschickt mit dem Gegenüber umzugehen, um den größtmöglichen Vorteil zu erwirtschaften. Die akademische Diskussion in den USA spiegelte den Stand der Entwicklung der Trinkgeldfrage überhaupt. Verhaftet in ihrer eigenen Kultur, konnten amerikanische Wirtschafts- und Sozialpsychologen das Phänomen nur mit den Kriterien und Begriffen der eigenen Gesellschaft erfassen und darstellen. Es ging gewissermaßen um den ewigen Konflikt zwischen Tellerwäscher und Millionär. Brisant und interessant wurde er gerade dadurch, dass in der nordamerikanischen Gesellschaft die sozialen Grenzen nach oben und unten offen sein sollten und soziale Mobilität, jedenfalls im Kern des Selbstverständnisses und der kollektiven Identität der Nation, erwünscht war. Der Tellerwäscher sollte ja gerade Millionär werden können – und der Millionär möglicherweise auch wieder Tellerwäscher. Die Statuszuschreibung war insofern immer ephemer, brüchig, und sie konnte eventuell schon durch den Tipping-Prozess bedroht sein.

Die Entwicklung in Europa unterschied sich beträchtlich von der in den USA, doch aufgegeben wurde das Trinkgeld auch hier nicht. Der Zweite Weltkrieg, so meinten zwar manche europäi-

220 Foster (1972) S. 181; Lynn (1994).
221 Conlin [u. a.] (2003).

schen Beobachter bei Kriegsende, habe die Gewohnheiten und Sitten tiefgreifend verändert. Das Trinkgeld werde wohl in den meisten Ländern verschwinden.[222] Das war aber – wieder einmal – eine Fehlprognose zur Zukunft des Trinkgeldes. Dabei begann es durchaus mit einer Neuerung: Die amerikanische Besatzungsarmee in Deutschland erließ 1945 für ihre Angehörigen ein absolutes Trinkgeldverbot in allen Clubs, Gaststätten und Hotels. Doch die amerikanischen Soldaten merkten schnell, dass ohnehin mit Geld weniger zu erreichen war als mit Waren wie Zigaretten und Schokolade. Ein Jahr später wurden auch derartige Geschenke untersagt; wirkungsvoll war das offenkundig nicht. In der frühen Zeit des Mangels, im Rahmen von Schiebereien und Schwarzmarkt, ging Trinkgeld eher in Bestechungsgeld auf. Um Etikette kümmerte man sich dabei wenig, neue Benimm-Führer gab es nicht. Dafür besannen sich Gebildete wieder auf den Urtext des Adolph Freiherrn von Knigge und seine »Lebensweisheiten für den Umgang mit Menschen [...], die zu jeder Zeit nützlich sein können«, wie es in einer Neuausgabe von 1948 hieß.[223] In der Krise der Zeit, der Unsicherheit über die Bewertung der unmittelbaren Vergangenheit, angesichts der unausgesprochenen Frage, welche Bedeutung Etikette noch im Blick auf eine Terrorherrschaft haben konnte, wollte man gewissermaßen zurück zum zeitlosen, jenseits materieller Fragen angesiedelten Kern der modernen Anstandsregeln, zum Allgemeinmenschlichen. Nach der Währungsreform und im Zuge der Wiederbelebung der Wirtschaft änderte sich das aber grundlegend. In den 1950er Jahren, mit Wirtschaftswunder, steigenden Löhnen und zunehmender Freizeit, nahm die Konsumneigung zu, damit expandierte auch das Dienstleistungsgewerbe, und Trinkgelder gehörten erneut zum Alltag.[224]

222 Mazuyer (1947) S. 9f.

223 Herbert Seggelke, »Geleitwort«, in: Adolph von Knigge, *Über den Umgang mit Menschen*, Neuausg., München 1948, S. 5–7, hier S. 6.

224 Zum Aufbruch in die deutsche Konsumgesellschaft: Arne Andersen, *Der Traum vom guten Leben. Alltags- und Konsumgeschichte vom Wirtschaftswunder bis heute*, Frankfurt a. M. / New York 1997; Michael Wildt, *Am Beginn der »Konsumgesellschaft«. Mangelerfahrung, Lebenshaltung, Wohlstandshoffnung in Westdeutschland in den fünfziger Jahren*, 2. Aufl., Hamburg 1995.

Trinkgelder wurden in der Bundesrepublik somit wieder erwartet und gezahlt, und das durchaus in vielen Bereichen: Neben Gaststätten waren das nach wie vor Friseure, auch die Möbelspeditionen sowie die gerade in der frühen Bundesrepublik noch recht zahlreichen Träger, Gehilfen und Boten, die für Geschäfte Auslieferungen übernahmen (Milch, andere Lebensmittel, Kohlen); üblich waren weiterhin Neujahrsgratifikationen für Briefträger, Zeitungsausträger, Müllwerker und andere beständige Dienstkräfte. Beträchtliche Beträge, prozentual mehr als heute, dürften daher in den 1950er und frühen 1960er Jahren als Trinkgelder geflossen sein. Dennoch hatten sich die Rahmenbedingungen verändert. Die Tarifverträge sahen jetzt eine »Anstellung auf Trinkgeld«, das heißt ohne einen festen Lohn, nicht mehr vor und schrieben in der Regel ein Bedienungsgeld von 10 Prozent auf Speisen und Getränke sowie 15 Prozent auf die Unterkunft vor. 1967 wurde dann in der Bundesrepublik der Inklusivpreis im Gastwirtschaftsgewerbe verbindlich gemacht. Individuelle Trinkgelder wurden dennoch weiterhin gezahlt, und punktuell, besonders in ländlichen Gebieten, kam es durchaus vor, dass gerade zu Stoßzeiten zusätzliche Bedienungskräfte de facto auf Trinkgeldbasis beschäftigt wurden.

Auch war die Diskussion um die sittlichen Gefährdungen namentlich der weiblichen Bediensteten durch Trinkgeld offenbar in den 1950er Jahren noch nicht obsolet. Im charakteristisch verklemmten Stil der Zeit wurde, anders als noch im Kaiserreich, das Wort »Prostitution« allerdings vermieden, nun ging es nur darum, dass »das weibliche Bedienungspersonal davon abgehalten werden« müsse, »sich auf unsittliche Weise zusätzliche Einnahmen zu verschaffen«.[225] Auch in der Schweiz wurde die Trinkgeldfrage vornehmlich in dieser Perspektive aufgegriffen. Dort, wo 90 Prozent des Bedienungspersonals Kellnerinnen waren, sogenannte »Serviertöchter«, schien manchen Beobachtern der 1950er Jahre die Situation »in geschlechtlich-ethischer Beziehung« besonders bedenklich. Die Abhängigkeit vom Trinkgeld führe zur »Belästigung von Serviertöchtern mit Zärtlichkeiten«

225 Weigert (1956) S. 7.

und zu einer »schweren Kränkung ihrer persönlichen Ehre«, anders gewendet: Die Kellnerinnen müssten »bis zu einem gewissen Masse ihre weibliche Ehre ihrem trinkgeldberechtigten Erwerb opfern«.[226] Wenn auch immer wieder einmal über negative Folgen der Trinkgeldsitten geklagt wurde, diskutierte man allerdings in Europa – anders als in den USA – immer weniger über die Hintergründe und Motive der Trinkgelder. Tarifrechtlich eingehegt, schien das Trinkgeld keine gravierende Gefahr mehr. Sobald die korporativen, öffentlich-rechtlichen oder staatlichen Instanzen eingegriffen und eine normative Lösung durchgesetzt hatten, verlor das Trinkgeld seine Funktion bei der Zuweisung von Status und Ehre, damit seine steuernde Funktion in der Gesellschaft. Auch Publizistik und Wissenschaft interessierten sich deshalb kaum noch dafür.

Tatsächlich war immer weniger bewusst, was der in der Regel auf der Rechnung notierte Satz »Bedienung eingeschlossen« bedeutete. Der von den Juristen propagierte Begriff »Bedienungsgeld« setzte sich zwar nicht recht durch, anfangs wurden die Begriffe »Trinkgeld« und »Bedienungsgeld« häufig noch synonym verwendet. Aber auf die Dauer verselbständigte sich das neue System ungeachtet der ursprünglichen Intention: Das Bedienungsgeld wurde stillschweigend als regulärer Teil der Gesamtrechnung verstanden, Trinkgeld dagegen weiterhin gegeben. Dabei war juristisch noch keineswegs geklärt, ob das Bedienungsgeld als Anspruch des Kellners an den Gast zu sehen sei, »ob das Bedienungspersonal oder der Wirt Gläubiger hinsichtlich des Bedienungsgeldes ist«.[227] Manche sahen hier das Personal am Zuge, denn es ziehe die Beiträge vom Gast ein und dürfe sie dann mit Rechtsanspruch behalten. In der Praxis war das aber offenbar immer weniger der Fall. Das Personal zog vielmehr das Bedienungsgeld mit der Rechnung ein, in welcher Weise es dann vom Wirt in die Entlohnung des Personals eingerechnet wurde, war für den Gast nicht durchschaubar und auch nicht mehr von Interesse. Die um 1900 noch geläufige, wenn auch diskutierte Vorstellung, dass

226 Volz (1954) S. 76f., 90, Zitate S. 77.
227 Weigert (1956) S. 13.

der Kellner in ein vertragliches Verhältnis mit dem Gast eintrat und auf dieser Rechtsbasis als Gläubiger den Rechnungsbetrag einzog, war vollends überholt.

So nahm man in den 1950er Jahren an, dass das Trinkgeld, das nun keine sittlich verbindliche Kraft mehr hatte, weiter an Bedeutung verlieren werde, und dies auch deshalb, weil sich die Unterschiede zwischen Trinkgeldgebern und Trinkgeldempfängern nach den großen gesellschaftlichen Entwicklungen des Jahrhunderts eingeebnet hätten:

> Aber auch die zwei verlorenen Weltkriege im Zusammenhang mit den beiden Währungsreformen dürfen hier nicht unerwähnt bleiben. Außerdem hat sich auch die soziale Lage derjenigen Kreise, die für den Empfang von Trinkgeldern hauptsächlich in Frage kommen, wesentlich gebessert. Viele werden sich deshalb überlegen, ob sie jemandem ein Trinkgeld geben sollen, der ohnehin schon mehr verdient als sie selbst.[228]

Letztlich waren damit aber weder Bedienung noch Gast zufrieden. Der Kellner hatte, obwohl er seinen Anteil am Bedienungsgeld einnahm, das Gefühl, um sein legitimes Trinkgeld gebracht und für zuvorkommende Arbeit nicht angemessen entlohnt zu werden. Der Gast hatte das Bedürfnis, durch die Verheißung eines Trinkgeldes die Qualität der Bedienung zu steigern und am Ende seine Zufriedenheit und Dankbarkeit durch ein Trinkgeld auszudrücken. Vor allem wollte sich der Gast die Chance bewahren, sich gerade durch Großzügigkeit symbolisch vom Bedienungspersonal abzuheben. Die Nivellierung der sozialen Unterschiede in einer Mittelstandsgesellschaft schränkte die Möglichkeiten ein, seinem Selbstbild Ausdruck zu verleihen. Die Milieus lösten sich auf, der Kellner bewegte sich de facto im selben soziokulturellen Milieu wie der Gast. Daher wollte sich der Gast wenigstens in der Ausnahmesituation des Reisens, im Hotel und in

228 Ebd., S. 109.

der Gaststätte, also jenseits des Alltags, buchstäblich in Feierlaune, als Herr fühlen. Trinkgeld war eine bescheidene Vorführung von Überschuss und Luxus.

Da sich aber nun zumindest in der deutschen Gastronomie eine feste Praxis herausbildete, nämlich ein Trinkgeldsatz von 5–10 Prozent des Rechnungsbetrags, stellten sich doch auch altbekannte juristische Fragen bald wieder neu, etwa die Frage nach der Steuer- und Sozialversicherungspflicht. So galt seit einem Bundesgesetz vom 16. Dezember 1954, dass Trinkgeldeinnahmen bis zum Betrag von 600 DM im Jahr nicht der Lohnsteuer unterworfen wurden. Noch bis Ende 2001 waren Trinkgelder bis zu 2400 DM steuerfrei, was darüber lag, war lohnsteuer- und sozialversicherungspflichtig. Das Finanzamt konnte bei Bedienungspersonal die Höhe der Trinkgeldeinnahmen schätzen. In der Regel wurden dabei 1–3 Prozent des Umsatzes veranschlagt. Seit dem 1. Januar 2002 sind Trinkgelder in Deutschland gänzlich von der Steuerpflicht befreit. Einnahmen durch Trinkgelder fallen auch nicht unter die Beitragspflicht der Sozialversicherungen. Allerdings betrifft beides nur diejenigen Trinkgelder, die von Gästen oder Kunden freiwillig an Arbeitnehmer gezahlt werden. Trinkgelder, die an Selbständige und Chefs bezahlt werden, sind umsatzsteuerpflichtig. Umstritten ist bis heute, wie schon vor über hundert Jahren, ob Trinkgelder der Lohnpfändung unterliegen. Ein einflussreiches Urteil des Oberlandesgerichts Stuttgart hat dies im Juli 2001 verneint.[229] Erregte öffentliche Debatten werden aber nicht mehr darüber geführt, Aufsehen erregende Urteile nicht mehr gesprochen. Das hat nicht nur damit zu tun, dass es zu Konflikten zwischen Wirt und Kellner oder zwischen Kellner und Gast um die Verbindlichkeit von Trinkgeldern nicht mehr kommt; die Freiwilligkeit von Trinkgeldern wird von allen Seiten anerkannt. Wichtiger ist, dass sich mit der Entwicklung von Wohlstand und Konsum das Interesse des Publikums am Trinkgeld gewandelt hat. Trinkgeld zu geben ist nicht mehr vertragliche, sittliche oder so-

229 *Brockhaus. Die Enzyklopädie in 24 Bänden*, 20., überarb. und aktual. Aufl., Bd. 22, Leipzig/Mannheim 2001, S. 316; *Brockhaus Enzyklopädie in 30 Bänden*, 21., völlig neu bearb. Aufl., Bd. 27, Leipzig/Mannheim 2006, S. 750.

ziale Pflicht. Vorführung von Habitus und Ehre ist es nunmehr eher in Bezug auf individuelle Lebensform und Imagebildung: Es geht um die Darstellung eines Lebensgefühls, um die Selbstdarstellung in wechselnden Berufs-, Konsum- oder Freizeitsituationen. Wer wie und wie viel Trinkgeld gibt, hängt einerseits von der Konstellation ab, vom Rangverhältnis der Teilnehmer einer gemeinsamen Mahlzeit im Restaurant (Chef und Mitarbeiter, Familienvater mit Familie etc.) und vom Anlass (beruflich bedingtes Essen, Freundeskreis, Stammtisch, Ausflug, Urlaub). Andererseits bietet Trinkgeld, fern jeder sozialen Verpflichtung, nun die Chance, Charakter und Individualität zu zeigen, der Kellnerin oder dem Kellner gegenüber ein Wohlgefühl auszudrücken oder eine persönliche Dienstleistung auch persönlich zu honorieren. So berichtet etwa eine Kellnerin vom Münchner Oktoberfest Ende der 1990er Jahre, nachdem sie sich zunächst abfällig über rücksichtslose und egoistische Wiesnbesucher geäußert hat:

> Es gibt aber sehr nette Gäste. Die schenken einem was oder zahlen dir eine Maß. [...] Die allerliebsten Gäste sind mir die alten Ehepaare, die richtigen Münchner. Die lassen einen schon mal vom Bier trinken und geben ein gutes Trinkgeld. Die essen was, trinken was und gehen wieder.[230]

Dabei bleibt Trinkgeld aber ein Indikator sozialer Hierarchisierung und Abgrenzung. Denn problematisch wird es für den Geber immer dann, wenn unklar ist, ob der Dienstleister, der potentielle Trinkgeldempfänger, nicht eventuell auf derselben sozialen Rangstufe steht. Das gilt beispielsweise für Reiseführer, die, etwa bei Kulturreisen, ihren Gruppen an Bildung und Weltläufigkeit überlegen sein können; »passengers may be uncertain, whether they should tip guides who are clearly from upper middle class origins«.[231] Doch de facto nehmen auch Studienreiseleiter das

230 *Ellabognoarbadn – Ellbogenarbeit. Wiesnbedienungen erzählen,* abgehört und aufgeschrieben von Bernhard Schulz, München 1998, S. 28.
231 Holloway (1981) S. 393.

Trinkgeld, das meist in der Gruppe eingesammelt und im geschlossenen Umschlag überreicht wird, gerne an. Es ist nach wie vor ein wichtiger Teil ihres Einkommens.

Im Zeitalter der Globalisierung, der transnationalen Kommunikation und Mobilität, des beständigen Reisens zwischen den Kulturen hängt das Trinkgeld allerdings auch von der Verschiedenheit der Kulturen ab, von den Nationalkulturen, die auch als Trinkgeldkulturen verstanden werden. Genauer gesagt hängt es davon ab, in welcher Weise bestimmten Gesellschaften kulturelle Eigenheiten zugeschrieben werden und wie sich der Fremde, der Reisende, dazu stellt. Mit dem Ende des Zweiten Weltkriegs begann auch das Zeitalter der touristischen Völkerwanderungen. Der Reiseverkehr setzte früh wieder ein, in Westdeutschland wurde er schon vor der Gründung der Bundesrepublik durch die Entstehung der Fremdenverkehrsverbände gefördert. Der große Aufschwung des Reisens erfolgte in Westdeutschland dann seit den 1960er Jahren. Steigende Realeinkommen, die Reduzierung der Arbeitszeit, die Ausweitung des Urlaubsanspruchs und verstärkte Ansprüche auf Kuren trugen dazu bei. Mit der Ausweitung des Tourismus fielen auch die sozialen Schranken, wenngleich Reisen noch lange ein mittelständisches Privileg blieb. Erst für die 1980er Jahre kann von einer wirklichen Angleichung der Reiseintensität der sozialen Schichten in Westdeutschland gesprochen werden. In der Bundesrepublik wie in den westeuropäischen Staaten überhaupt wurden die anfangs in sozialstaatlicher Tradition eingerichteten Freizeitorganisationen, die in mancher Hinsicht an die Ideale der Zwischenkriegszeit vom organisierten Arbeiter- und Volksreisen anknüpften, durch kommerzielle Reiseanbieter verdrängt. In Westdeutschland zählten dazu seit den 1960er Jahren Neckermann, Dr. Tigges und dann die TUI (»Touristik Union International«). Der Tourismus nahm dadurch einen ungeahnten Aufschwung und wurde zu einer der erfolgreichsten Wirtschaftsbranchen überhaupt.[232] Einerseits wurde das Reisen damit zur Massenveranstaltung, auf der der Individualismus verloren zu

232 Vgl. Hachtmann (2007) S. 152–159.

gehen schien. Andererseits wurde das regelmäßige Reisen, immer mehr auch die Fernreise, zum Statussymbol, über das der Einzelne seinen Rang in der Gesellschaft definierte – oder durch das er zumindest auf Zeit seiner sozialen Rolle entkommen konnte. Trinkgeld wurde als Schlüssel zum Zugang in das fremde Land genutzt, es stand gewissermaßen für die erste persönliche Beziehung zur Bevölkerung des Gastlandes. Das zeigte sich am Beispiel Italien, das als frühes Ziel der neuen deutschen Reisewelle seit den 1960er Jahren in den Blick rückte. In Reiseführern und Ratgebern wurden Hinweise zum Auftreten in Italien gegeben. Gleichzeitig erschien Italien als Traumland ungeahnter Möglichkeiten, die sich den Reisenden aus dem westdeutschen Wirtschaftswunder an italienischen Stränden eröffneten – nicht zuletzt in erotischer Beziehung. (Trink-)Geld und Geschlecht wurden dabei – mehr oder minder explizit – wieder in Beziehung gesetzt.[233]

Der Blick auf das Reiseziel, der Umgang mit den Urlaubsgebieten, das Verständnis der dort vorgefundenen Kulturen, der dort lebenden Menschen wurden ganz wesentlich von Reiseprospekten und Reiseführern gesteuert. Diese entwarfen mit Texten und Fotos ein transkulturelles Bild des Fremden, sie verknüpften landschaftliche Schönheiten mit kulturellen Besonderheiten und übertrugen die Befunde wiederum in die Sprache der Leser, der Betrachter, der künftigen Reisenden. Nicht anders als die Reisenden des 19. Jahrhunderts kamen daher auch die Massentouristen mit vorgeformten Bildern und Erwartungen in die Fremde, die nun gar keine Fremde im strengen Sinn mehr sein sollte. Massenurlaubsziele wie zunächst die österreichischen Alpen, dann das italienische Mittelmeer, schließlich Mallorca, Massenreisen im Ferienflieger, die Standardisierung der Ferienwohnanlagen sowie die regelmäßige Rückkehr an den bevorzugten und bekannten Urlaubsort – all das trug dazu bei, dass das Fremde gewissermaßen in die eigene Kultur integriert wurde, seine Fremd-

233 Birgit Mandel, »›Amore ist heißer als Liebe‹. Das Italien-Urlaubsimage der Westdeutschen in den 50er und 60er Jahren«, in: Spode (1996) S. 147–162, hier S. 153.

heit und potentielle Bedrohlichkeit verlor. Reiseführer übersetzten dabei Sprache, Symbolik und Werte der besuchten Kultur in die vertrauten Worte und Zeichen. Sie entrissen fremde Kulturelemente ihrem Kontext und präsentierten sie dem Reisenden in verständlicher Darstellung. Neu waren besonders die Reichweite und Quantität. Im Zuge eines massenhaften globalen Reiseverkehrs wurden die Kulturen der ganzen Welt in die gleiche Begrifflichkeit übertragen, kleinteilig zerlegt und in das Glossar der Reiseführer einsortiert, wie etwa in einem Tansania-Reiseführer aus dem Jahr 1998, der in seinen »Praktischen Tips« folgende, fast durchweg transnational einsetzbare Rubriken aufführt: »Alleinreisende Frauen – Betteln – Einkaufen – Elektrizität – Essen – Feiertage – Fotografieren – Gebühren der Nationalparks – Geschäftszeiten – Kriminalität – Safari – Telefonieren – Trinken – Trinkgeld – Unterkunft – Verhaltensregeln – Zeit«.[234] In einer derartigen Aufzählung wird weder der kulturelle Kontext erläutert noch der – materielle oder symbolische – Stellenwert von Trinkgeldern erklärt. Es wird lediglich mitgeteilt, was der Reisende wissen muss, um sich zurechtzufinden, Gefahren aus dem Weg zu gehen und Fehler im Umgang mit Natur, Kultur und Menschen, in der Konfrontation gewissermaßen mit Löwen und Kellnern, zu vermeiden. Dem Reisenden sollen Niederlagen, Peinlichkeit und Ansehensverlust erspart werden.

Daher widmen Reiseführer und Benimm-Anleitungen für das Ausland dem Trinkgeld meist besonderen Raum. Trinkgeldsitten sind kulturelle Gepflogenheiten, die in der Regel öffentliches oder zumindest von anderen wahrnehmbares Handeln erfordern. Reiseführer bestätigen dabei die Vorannahme des reisenden Europäers, dass mit dem Trinkgeld auch über Status und Prestige des Gebers und Empfängers verhandelt und entschieden wird. Durch Trinkgeldratschläge wiegen Reiseführer den Reisenden in der trügerischen Sicherheit, dass er sich bei anleitungsgemäßer Zahlung Prestige auch in der fremden Kultur bewahren oder erwerben kann und dass er in der Fremde kein Opfer

234 Elke Frey / David Kyungu, *Tanzania. Ein aktuelles Reisehandbuch (Nelles Guide)*, München 1998, S. 243–247.

fremdartiger Praktiken wird, sondern das Heft des Handelns in der Hand behält. Mustert man in dieser Perspektive Reiseführer, so entsteht eine Topographie des Trinkgeldes, bei der sich die Trinkgeldlandschaft allenfalls durch die Höhe der zu zahlenden Beträge auflockert.[235] Auf den ersten Blick sind die Regeln banal: Mitgeteilt wird zumeist der angemessene Prozentsatz, manchmal auch, ob man das Geld beispielsweise dem Kellner direkt beim Bezahlen der Rechnung überlässt oder beim Verlassen des Lokals auf dem Tisch deponiert, ferner gelegentlich, in welcher Abstufung Pagen, Portiers, Kellner oder andere Dienstkräfte Trinkgeld erwarten. Vermeintliche kulturelle Besonderheiten werden ebenso vermerkt. Manchmal werden politische Trinkgeldverbote oder kulturelle Trinkgeldtabus erwähnt, namentlich für ostasiatische Länder. Für Korea etwa wird geraten, grundsätzlich auf Trinkgelder zu verzichten, weil Zahlung und Annahme eben als unehrenhaft verstanden würden. Dass in China Trinkgeld untersagt ist, liest man dagegen heute seltener, eher ist davon die Rede, dass es in China wie in Japan unüblich sei, aber der Einfluss des internationalen Tourismus zur Aufweichung in den großen Städten und entlang der Touristenrouten beigetragen habe. Zumal dann, wenn Reisende aus wohlhabenden Ländern mit Bedienungspersonal aus ärmeren Regionen der Welt zusammentreffen, geben Reiseführer häufig Hinweise auf landesübliche Sitten der Bereicherung an Touristen. Dabei handelt es sich oft um transnational übliche Praktiken (»Taxifahrer bedienen sich manchmal schon selbst, indem sie vorgeben, kein Wechselgeld zu haben«).[236] Freilich sind auch die Reiseführer selbst Teil des Tourismusgewerbes; sie leben von den Unterschieden, die sie zunächst proklamieren und dann wieder in ihren Benimm-Regeln aufzuheben versuchen. Insofern erscheint der grenz- und kontinentüberschreitende Siegeszug europäischer Trinkgeldpraktiken als Ausdruck der

235 Beispielhaft die Internet-Seiten: *Trinkgelder. So »tippen« Sie richtig,* http://www.focus.de/D/DR/DRU/DRU01/dru01.html (17. August 2007); *Die üblichen Trinkgelder in ausgesuchten Reiseländern,* http://www.sellpage.de/reiseinformationen/trinkgelder.html (19. September 2007).

236 Paul Groth, *Hongkong (Merian live),* 3., aktual. Aufl., München 1996, S. 120.

Dominanz einer transnationalen, aber westlich geprägten Tourismusindustrie.

Doch damit allein lässt sich nicht erklären, warum Reisende im Urlaub großzügig Trinkgelder zahlen, und zwar nicht bloß für bestimmte, anderweitig nicht vergütete Dienstleistungen, etwa für den *guide*, der sich in der fremden Stadt an die Fersen des Touristen heftet, ihm mehr oder minder erwünschte Orientierungshilfe leistet und am Ende ein Honorar erwartet. Vielmehr werden auch in Hotels und Gaststätten, auf Schiffen und Safaris weiterhin großzügige Trinkgelder gezahlt. Nicht ganz selten wird in Reiseführern und Reiseberichten davor gewarnt, im Überschwang der touristischen Stimmung oder aus Mitleid mit der einheimischen Bevölkerung zu hohe Trinkgelder zu geben, auf diese Weise Almosen ungerecht zu verteilen und gewissermaßen die Preise zu ruinieren. Vor allem wird der Reisende davor geschützt, seine eigene Unerfahrenheit gegenüber dem Einheimischen zu offenbaren, sich durch zu hohe Zahlung symbolisch zu entblößen. In Reiseberichten, die privat oder im Internet kursieren, finden sich prahlerische Hinweise, wie ein Reisender erfolgreich Ware oder Dienstleistungen heruntergehandelt habe – verbunden mit der Suggestion, man habe das lokale Tourismus- und Trinkgeldgewerbe durchschaut und überlistet. Der Umgang mit Geld wird so zum symbolischen Kapital im Austausch der Kulturen. Die transkulturelle Begegnung erscheint als harte Verhandlung um Rang und Position, banalisiert in der Frage, wer denn nun wen über den Tisch gezogen habe. Trinkgeldratgeber zielen gerade darauf, den Reisenden jederzeit als Souverän in der unsicheren, ergebnisoffenen Trinkgeldsituation darzustellen. Je mehr das in den Vordergrund gestellt wird, umso deutlicher ist, dass der Trinkgeldgeber in einer globalen Konsumgesellschaft nicht mehr sicher ist, ob und wie er mit Trinkgeld seinen Status etablieren kann. Die Peinlichkeit, zu viel oder zu wenig zu zahlen, Unerfahrenheit zur Schau zu stellen, bedroht seinen Status als Reisender aus dem überlegenen Westen und schließt ihn schlimmstenfalls als dauerhaft Fremden aus der Weltgesellschaft aus. Aufgabe der Reiseführer ist es daher, dem touristischen

›Fremdeln‹ vorzubeugen: Der Reisende weiß schon Bescheid, bevor er angekommen ist. »Lost in translation« – dieses Schicksal, wie es Bill Murray und Scarlett Johansson in dem Film von Sofia Coppola aus dem Jahr 2003 über zwei Amerikaner in Tokio so eindringlich und selbstironisch vorführen, soll dem Touristen erspart werden.

Dabei wird ein eigenartig widersprüchliches Bild der Globalisierung gezeichnet. Denn einerseits wird der Reisende als Bewohner einer Weltgesellschaft dargestellt, der sich dank hoher Mobilität und guter Kommunikation und Information sicher zwischen den Kontinenten bewegt und die unterschiedlichen Trinkgeldpraktiken virtuos handhabt. Andererseits werden ungeachtet der Angleichungsprozesse gerade anhand der Trinkgeldsitten nationale Kulturdifferenzen unterstrichen und am Umgang mit Trinkgeld gewissermaßen nationale Eigenarten festgemacht. Dabei ist hier eher eine globale Angleichung festzustellen, eine Standardisierung der Verhaltensweisen, die noch die letzten trinkgeldfreien Zonen wie Ostasien und bis vor wenigen Jahren Australien in ihren Einflussbereich zieht. Insofern sind es weniger nationale Ehrdiskurse und Ehrkulturen, die Trinkgeldpraktiken hervorbringen, sondern globale Trinkgeldpraktiken, die nationale Ehrdiskurse beeinflussen. Die Situation ist umso komplexer, als neuere Tendenzen des Reisens, der Urlaub im Ferienclub und der Pauschalurlaub, besonders in seiner letzten Variante, dem *All-inclusive*-Urlaub, den Reisenden aller Selbstverantwortung entheben. Als Paket mit Rundumversorgung verschickt, braucht der Reisende über Trinkgelder nicht nachzudenken. Eher ist er selbst, in seinem Bemühen, die *All-you-can-eat*-Angebote voll auszukosten, quasi zum Empfänger von Gratifikationen geworden. Nur in punktuellen Ausbruchsversuchen aus der Urlauberresidenz kann er den Trinkgeldgeber spielen und seinen Status zurechtrücken.

Trinkgeld scheint seine sozial distinktive Kraft zu verlieren. Es trennt schon lange nicht mehr den Bürger vom Kellner, so wie man in einer mittelständischen Gesellschaft den Kellner auch äußerlich nicht mehr vom Bürger unterscheiden kann. In Gastwirtschaften und Restaurants trägt das Bedienungspersonal keine spezielle Berufskleidung mehr, keine Dienertracht, die gleichzeitig symbolisch die Ehre des Kellners darstellt. Der Gast weiß nicht, wenn er fremd im Lokal ist, wer ihn bedient hat; ihm werden die zur Unterscheidung zwischen Wirt und Kellner erforderlichen nonverbalen Signale wie Kleidung, Verhaltensweise oder Aufgabenverteilung nicht mehr gegeben. Und umgekehrt nehmen auch Wirte mittlerweile Trinkgeld an, obwohl das immer noch allen Hinweisen zur Etikette in Gaststätten widerspricht. In dieser Perspektive droht Trinkgeld seine Rolle als Indikator von Status und Prestige, von Ehre in der Gesellschaft zu verlieren. Beim Trinkgeld scheint es auf der Seite der Nehmer demnach tatsächlich nur noch um den materiellen Wert zu gehen. Eine »Standesehre« des Kellners wird ohnehin heute weder behauptet noch verteidigt.

Auf der Seite der Geber dagegen scheint Trinkgeld vollends vom Aspekt des »Umgangs mit Menschen« zum Bestandteil der Etikette zu werden. In diesem Rahmen wird es in Ratgebern behandelt. *Der neue große Knigge* über *Gutes Benehmen und richtige Umgangsformen* aus dem Jahr 2004 führt den Begriff »Trinkgeld« zwar weder im Inhaltsverzeichnis noch im Register auf. Dafür gibt er en passant mehrfach, wenn auch unsystematisch Hinweise auf angemessenes Verhalten in Trinkgeldfällen, dies auch in Bezug auf das Ausland.[237] Andere auf dem Buchmarkt erhältliche Benimm-Führer wie *Der große Knigge* widmen dem Trinkgeld nach wie vor beträchtliche Aufmerksamkeit, sie geben exakte Verhaltensmaßregeln und zu zahlende Beträge beziehungsweise Prozente an. Auch auf Internet-Seiten lassen sich problemlos einschlägige Hinweise zum »Trinkgeld geben – aber mit Stil« finden. Die symbolische Bedeutung wird dabei durchaus noch erwähnt; Trinkgeldgeben erscheint dann als »Gratwanderung zwischen Lob und Beleidigung«.[238] Aber die beleidigende Gabe erscheint eher als Verstoß gegen die Etikette und den Sinn des Trinkgeldes, nicht als Verstoß gegen den guten Umgang mit Menschen.

237 *Der neue große Knigge* (2004) S. 117, 238, 240, 244 u. ö.

238 Rainer Wälde, *Trinkgeld geben – aber mit Stil*, http://www.vnr.de/vnr/selbstorganisationerfolgsstrategien/stiletikette/expertenrat_01033.html (17. August 2007).

In den USA ist das Thema noch von besonderer Bedeutung. Nach wie vor erscheinen hier spezielle Trinkgeldführer, ein *Tipping Guide for Gratuitous Folks* sammelt Informationen aus aller Welt und allen Lebenssituationen.[239] Auf den ersten Blick steht auch das für die Beharrungskraft einer scheinbar überkommenen Sitte, die den Konsumenten zum anonymen Opfer eines mittlerweile transnationalen Gastwirtschafts- und Tourismusbetriebs macht, dem er nicht ausweichen kann. Wo immer er hinkommt, man erwartet ihn schon – und vor allem sein Trinkgeld. Dennoch deutet sich in den USA eine neue Tendenz an: Das Trinkgeld wandert vom Benimm-Führer zum Lebensratgeber über. So wie zahlreiche Ratgeber Hinweise geben, wie der Einzelne sein Leben erfolgreich gestalten und zum glücklichen Menschen werden kann, so heißt es nun auch beim Trinkgeld: *Tipping for Success!* Ein einschlägiges Buch will laut Untertitel die Geheimnisse guter Bedienung verraten – *Secrets for How to Get In and Get Great Service* –, und unter »Service« versteht der Autor Mark L. Brenner keineswegs nur die Bedienung im Restaurant, sondern verschiedenartige für Geld, aber eben nicht auf dem üblichen Wege käufliche Leistungen und beeinflussbare Verhaltensweisen. Der Autor war nach eigener Darstellung behavioristischer Familientherapeut und professioneller Zauberkünstler in einem Etablissement in Hollywood, er stellt sich als Autor zahlreicher Bücher und Gründer mehrerer »innovativer« Firmen vor. Sein erfolgreicher Lebensweg sei »largely influenced by my understanding of human behaviour«. Daraus habe er seine »philosophy for Tipping for Success« abgeleitet, »which not surprisingly holds the same principles as success itself«. Das richtige Trinkgeldgeben sichert demnach nicht nur den Erfolg – es ist der Erfolg. Trinkgeldgeben folge denselben Regeln wie die Magie, die Zauberkunst: Nur wenn er selbst an sich glaube, könne der Künstler seine Zuschauer davon überzeugen, ihr Verständnis von Logik aufzugeben und sich der Magie zu unterwerfen.[240] Die Selbstdarstellung des Autors ist Beispiel seiner eigenen »Philosophie«: Aus seinem offenbar

239 Wight (2006).
240 Brenner (2001) S. XI f.

höchst wechselvollen Lebensweg leitet er einen zielgerichteten Aufstieg ab, den er wiederum als Resultat der Strategie deutet, die er in seinem Buch an den Leser bringen will.

In Brenners Ratschlägen zum Trinkgeld geht es nicht mehr darum, in einer kritischen Situation ohne Gesichtsverlust zurechtzukommen, sondern darum, Mitmenschen zu bestimmten Verhaltensweisen zu veranlassen, ihnen die eigene Macht aufzuzwingen, letztlich sie zu beherrschen. Es geht daher nicht um Etikette oder um Regeln für die angemessene Honorierung einer mehr oder minder guten Leistung von Kellnern oder anderem Dienstpersonal, sondern um die Frage, wie man »priority attention« erhält, wie man etwa beim Check-in am Flughafen bevorzugt behandelt wird, wie man im ausgebuchten Hotel ein Zimmer oder im Restaurant den »power table« erhält, das heißt den Tisch, der einem volle Sicht auf den Saal, aber dennoch Schutz der Privatsphäre gibt (»Keep in mind, expensive restaurants also have cheap seats!«). Der Trinkgeldgeber müsse sich auf die jeweilige Situation einstellen und das Notwendige erfassen: »Be prepared«.[241] Im Mittelpunkt steht deshalb nicht, wie in geläufigen Trinkgeldratgebern, die Höhe der jeweils zu zahlenden *tips*, sondern der Kontext, das Identifizieren der Person, die für die erwünschte Leistung hilfreich sein könnte, die Situation und die Form der Übergabe. Es geht nicht zuletzt auch um die Worte, die das *tipping* begleiten und ihm erst für den Empfänger Bedeutung zusprechen. Entscheidend sei, dem Empfänger Respekt entgegenzubringen, seine Autonomie und Entscheidungsfreiheit nicht anzuzweifeln, ihn aber gerade dadurch für die eigenen Wünsche zu gewinnen. Deshalb sei »tipping in advance« in der Regel sinnvoll. Das könne allerdings auch bedeuten, gleich mit dem Geldbündel zu winken, zum Beispiel wenn es darum gehe, eines der raren New Yorker Taxis abzufangen. In anderen Situationen wiederum sei eine andere Übergabeform sinnvoll. Daher erläutert Brenner auch Techniken der verdeckten Überreichung des Geldes für den Fall, dass die Umstehenden den Vorgang nicht bemerken sollen:

241 Ebd., S. XIII, 17, 20, 23, 71.

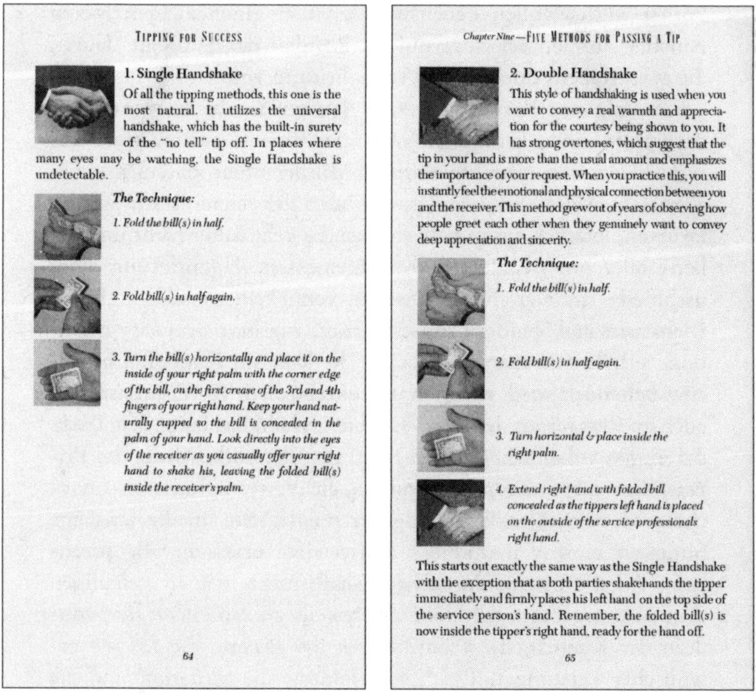
Tipping for Success

1. Single Handshake

Of all the tipping methods, this one is the most natural. It utilizes the universal handshake, which has the built-in surety of the "no tell" tip off. In places where many eyes may be watching, the Single Handshake is undetectable.

The Technique:

1. Fold the bill(s) in half.

2. Fold bill(s) in half again.

3. Turn the bill(s) horizontally and place it on the inside of your right palm with the corner edge of the bill, on the first crease of the 3rd and 4th fingers of your right hand. Keep your hand naturally cupped so the bill is concealed in the palm of your hand. Look directly into the eyes of the receiver as you casually offer your right hand to shake his, leaving the folded bill(s) inside the receiver's palm.

64

Chapter Nine—Five Methods for Passing a Tip

2. Double Handshake

This style of handshaking is used when you want to convey a real warmth and appreciation for the courtesy being shown to you. It has strong overtones, which suggest that the tip in your hand is more than the usual amount and emphasizes the importance of your request. When you practice this, you will instantly feel the emotional and physical connection between you and the receiver. This method grew out of years of observing how people greet each other when they genuinely want to convey deep appreciation and sincerity.

The Technique:

1. Fold the bill(s) in half.

2. Fold bill(s) in half again.

3. Turn horizontal & place inside the right palm.

4. Extend right hand with folded bill concealed as the tippers left hand is placed on the outside of the service professionals right hand.

This starts out exactly the same way as the Single Handshake with the exception that as both parties shakehands the tipper immediately and firmly places his left hand on the top side of the service person's hand. Remember, the folded bill(s) is now inside the tipper's right hand, ready for the hand off.

65

»Tipping for Success!« – Wie man Trinkgeld übergeben sollte, 2001

In Abbildungen wird deutlich gemacht, wie der Geldschein zu falten und in der Innenhand einzuklemmen ist, um ihn bei der Begrüßung des Hotelmanagers oder Oberkellners unauffällig von Hand zu Hand gleiten zu lassen, und was den einfachen Handschlag dabei von der beidhändigen Begrüßung unterscheidet. Jedenfalls solle man nicht die durch Filme popularisierte Methode verwenden, die Banknote in zwei Hälften zu zerreißen und die eine Hälfte mit den Worten zu überreichen, die andere gebe es nach dem Geschäft.[242]

242 Ebd., S. 55, 61–67.

Das alles ist übrigens für Brenner keine Bestechung. Denn es handele sich ja nicht um illegale Transaktionen, diese Art des Trinkgeldgebens honoriere nur eine besondere Leistung und biete Millionen Menschen nicht nur notwendige Zusatzeinnahmen, sondern darüber hinaus das Gefühl, wichtig und wertvoll zu sein.[243] Der hemmungslose Egoismus, die Bereitschaft, sich per Trinkgeld in der Konkurrenz mit anderen durchzusetzen, wird so in einen neuen Kontext gestellt, auf die Beziehung zwischen Geber und Nehmer konzentriert. Dabei geht es auch um Geld, denn das bleibt der Kern des Interesses beim Nehmer. Aber ebenso wichtig ist das Spiel mit Prestige und Respekt, das beiden Seiten ohne Gesichtsverlust erlaubt, in eine eben doch moralisch umstrittene Beziehung miteinander einzutreten. Ist das Trinkgeld auch ein materieller Wert, so ist das Trinkgeldgeben ein symbolischer Akt. Auch scheinbar unbeteiligte Dritte sind davon betroffen, diejenigen nämlich, die durch die Bevorzugung des Trinkgeldgebers zurückgesetzt werden. Der Akt des Trinkgeldgebens ist insofern auch hier weiterhin Teil eines beständigen Aushandelns von Status und Ehre in der Gesellschaft.

243 Ebd., S. 28.

Geld oder Ehre

In einer Glosse aus dem Jahr 1913 zitierte der Wiener Publizist, Satiriker und Dichter Karl Kraus eine Zeitungsnotiz, die unter der Überschrift »Falsche Neujahrsgratulanten« erschienen war. Demnach standen in Wien sechs Männer vor Gericht, weil sie zum Jahreswechsel paarweise von Haustür zu Haustür gegangen waren, sich als Rauchfangkehrer ausgegeben, Neujahrsglückwünsche ausgesprochen und dafür ein Trinkgeld kassiert hatten. Fünf waren geständig, nur einer erklärte, »er sehe nicht ein, daß das ein Betrug sei, wenn er sich als Rauchfangkehrer ausgebe. Seine Glückwünsche seien ebensoviel wert wie die eines echten Rauchfangkehrers«. Das half ihm wenig, der Richter verurteilte alle sechs zu zwei Wochen Arrest. Karl Kraus kommentierte lakonisch: »Ein Sachverständigenbeweis über den Wert der Glückwünsche eines echten Rauchfangkehrers wurde nicht zugelassen.«[244] Damit wies Kraus auf den Kern der Angelegenheit hin: Wofür wurde eigentlich Trinkgeld gezahlt, für die Leistung eines Schornsteinfegers oder für einen Neujahrswunsch? Warum wurde der falsche Rauchfangkehrer bestraft? Er habe »sein Unwesen [...] ohne Lizenz betrieben«, war die Erklärung von Karl Kraus.

> Eine aristokratische Kultur erkennt das Betteln als Fähigkeit an, die demokratische als Beruf. Ein Neujahrsgratulant ist nicht mehr jene Erscheinung, die das Gemüt an-

244 Karl Kraus, *Ein Weiser* [1913], in: K. K., *Die Katastrophe der Phrasen. Glossen 1910–1918*, Frankfurt a. M. 1994 (*Schriften*, hrsg. von Christian Wagenknecht, Bd. 19), S. 97 f., Zitate S. 97.

spricht oder die Nerven belästigt, sondern eine, die das Rechtsbewußtsein interessiert.[245]

Kraus ging es nur vordergründig um das gezahlte Trinkgeld, viel mehr aber um das Selbstverständnis einer Gesellschaft, welche die Weisheit des falschen Rauchfangkehrers nicht erkenne. Trinkgeld war für Kraus nicht einfach nur eine lästige Sitte, sondern vor allem und viel mehr ein Spiegel der Gesellschaft. Wenn er sich 1914 etwa darüber mokierte, dass Hoteliers sich gegen die Umstellung vom Trinkgeld auf ein prozentuales Bedienungsgeld wehrten, so nahm er das nur zum Anlass, um die gewissermaßen angeborene Kellner- und Trinkgeldnatur der Österreicher aufs Korn zu nehmen, die den Kellner »durch ein Trinkgeld zur Annahme eines Trinkgeldes zu bewegen« versuchten:

> Wenn der Österreicher von der Mutterbrust wegkommt und ins Leben hinaustritt, setzt er seinen eigenen Kopf auf. Er läßt sich seine Freiheit nicht nehmen. Er besteht darauf, dem Personal Trinkgeld zu geben. Wenn ihm wer in den Arm fallen will, wird er schiech. Auch will er kein Herdentier nicht sein, sondern im Hotel sofort als Individualität, die er ist, durchschaut, anerkannt und darnach behandelt werden bitte. Um vom Kellner richtig bedient zu werden, bedient er zuerst den Kellner. Er lebt, um Kellner für sich zu gewinnen. Er hat überhaupt keinen anderen Daseinszweck, wenn es ihm zufällig versagt ist, selber ein Kellner zu werden. Er ist es von Natur, aber er verfehlt zuweilen seinen Beruf und wird Gast.[246]

Kraus war Stammkunde der Kaffeehaus-Szene in Wien. In den dortigen Cafés, so ein Bonmot, saß man nicht nur, man lebte darin. Das Kaffeehaus war für Kraus insofern ein Mikrokosmos. In diesem gab es nur Kellner und Gäste, *tertium non datur*, und ge-

245 Ebd., S. 98.
246 Karl Kraus, *Aus dem dunkelsten Österreich* [1914], in: ebd., S. 155 f., Zitat S. 155.

nau diese Konstellation machte das Wiener Kaffeehaus zum Spiegel des wirklichen Lebens. Hielten die Zeitgenossen das Trinkgeld für die Ursache eines gesellschaftlich-moralischen Verfalls, so war es für Kraus die Folge, das Symptom. Die Praxis des Trinkgeldgebens war in dieser Perspektive nicht auszurotten, denn sie war Teil des Selbstverständnisses der Gesellschaft.

Kraus berührte damit einen Aspekt, den die engagierten, oft verbissenen Trinkgeldkritiker des ausgehenden 19. Jahrhunderts wie Rudolf von Jhering nicht wahrnehmen wollten und den man in Anlehnung an einen schon vielfach adaptierten Satz auf den Begriff bringen könnte: Jede Gesellschaft hat die Trinkgelder, die sie verdient. Jhering hatte die Ursache der Trinkgeldsitte im Egoismus gesehen. Das blieb an der Oberfläche, es konnte kaum hinreichend erklären, warum das Bedürfnis, Trinkgeld zu geben, in verschiedenen Kulturen und politischen Systemen alle Zeitenwenden überlebte, warum Trinkgeld zum transnationalen Phänomen wurde. Im Grunde hat dies auch Jhering und seine Zeitgenossen in Europa wenig interessiert. Sie waren eher an den sittlichen Folgen für die bürgerliche Gesellschaft interessiert, deren Werte sie schützen wollten; ihnen ging es um ihre eigene Lebenswelt. Vor allem die ethischen, die juristischen und bestenfalls die sozialpolitischen Aspekte des Themas wurden diskutiert, sozial- und individualpsychologische Antriebskräfte dagegen weitgehend ausgeblendet. Und als dann die Trinkgeldsitten erst einmal unter staatliche Aufsicht genommen, soziale Auswüchse der Beschäftigung »auf Trinkgeld« beseitigt, Besteuerung und Versicherungspflicht geregelt worden waren, ließ das Interesse am Trinkgeld als soziokulturellem Phänomen in Europa vollends nach. Nur vereinzelt bemühte man sich noch um eine Erklärung, etwa in Anlehnung an den Leipziger Nationalökonomen Wilhelm Roscher, der im 19. Jahrhundert das Trinkgeld – im Sinne der historischen Schule der Nationalökonomie – als Übergangserscheinung und Zwitterwesen charakterisiert hatte: Es stehe, so Roscher, »in der Mitte zwischen dem modernen bürgerlichen Systeme, wo man alles rechtlich bezahlt, und dem mittelalterlichen, wo man entweder raubt, schenkt oder bettelt«. In fast postmoderner Toleranz zog man in jüngerer Zeit daraus den Schluss, dass das Trinkgeld »sich als kleiner, fast liebenswerter Irrationalismus sein unangreifbares Reservat gesichert hat«.[247]

Schärfer erkannten den Kern des Problems diejenigen, die es mit der Frage von Status und Prestige in Beziehung setzten. Denn neben der Auseinandersetzung um den materiellen Wert, um Ansprüche und Prozente, war der Diskurs über Achtung und Ehre das zweite Kontinuum der Geschichte des Trinkgeldes. Schon Jhering sprach von der Ehre des Kellners; zahlreiche Autoren und Standesorganisationen griffen dies später auf. Aber sie berücksichtigten dabei noch nicht hinreichend, dass im Trinkgeld der Status des Empfängers mit dem Status des Gebers verkoppelt wurde. Es gehe eben, so der amerikanische Diskurs, um die zeitlose Frage, wer Sklave und wer Herr sei. Auf den Aspekt der Ehre wiesen auch die Äußerungen aus faschistischen und sozialistischen Diktaturen hin, die das Trinkgeld als Unterhöhlung der Volks- oder sozialistischen Gemeinschaft, als Angriff auf die soziale Ehre sahen. Nur konnten sie nicht erklären, warum ihr mit großem Propagandaaufwand vermitteltes und mit allen Instrumenten der totalitären Diktatur durchgesetztes Menschen- und Gesellschaftsbild so kläglich am Gasthaustisch scheiterte. Für die sozialistischen nicht weniger als für die bürgerlichen Kritiker war Trinkgeld immer ein Synonym für Käuflichkeit, für Selbstprostituierung, für Entehrung und Schande.

Hinter derartigen Diagnosen steht unausgesprochen die Erkenntnis, dass in der »Sitte« des Trinkgeldes – oder der »Unsitte«, wie Jhering meinte – nicht nur Geber und Nehmer, sondern auch Individuum und Gesellschaft in eine Beziehung treten. Ob man Trinkgeld gibt, ist eben, so die unangenehme Erfahrung, die letztlich die Ursache aller Kontroversen ist, keine wirklich freie Entscheidung, selbst wenn es formal, nach der strikten Definition, verweigert werden kann und rechtlich nicht durchsetzbar ist. Trinkgeld wirft insofern die alte existentielle Frage nach Freiheit und Determination in ganz alltagspraktischer Weise auf, fast im

247 Martinek (1993) S. 902, Zitat Roschers S. 903.

Sinne des »Determinantengedrängels«, von dem der Philosoph Odo Marquard spricht und das nach seiner Deutung Freiheit erst ermöglicht.[248] Trinkgeld steht offenbar für eine gesellschaftliche Konvention oder Norm, der sich der Gast und Kunde bei Strafe des Ehr- oder Imageverlustes nicht entziehen kann oder eben – freiheitstheoretisch gewendet – nicht entziehen will. Der Kern des Trinkgeldes liegt dann aber gerade nicht in der Norm an sich, der sich der Einzelne angesichts des öffentlichen Drucks und der Furcht vor Peinlichkeit und Bloßstellung vermeintlich zwanghaft unterwirft,[249] sondern in der Ehre als normverbürgender Instanz, die eine objektive Ordnung, eine Ehrenordnung der Gesellschaft, annimmt, aber eine subjektive Deutung und individuelle Nutzung nicht nur zulässt, sondern fordert, Freiheit des Handelns also erst erlaubt.

Damit gelangt man wiederum zu der Frage nach den Antriebskräften dieses eigenartigen kurzen Gabentausches, der doch nach nachvollziehbaren Regeln abläuft. Trinkgeld in seiner reinen, modernen Form, das heißt nicht als faktische Bezahlung einer erbrachten oder zu erbringenden Leistung und nicht als offene Bestechung, ist offenbar eine Gegengabe, die, wie schon eingangs angeführt, nicht der ökonomischen Rationalität des *Do-ut-des* folgt, sondern von Emotionen getragen wird. Trinkgeld ist eben Teil eines Gabentausches, nicht eines Warentausches, und daher auch mit juristischen Mitteln weder zu begreifen noch gar zu erzwingen. Selbst die Erklärung, Trinkgeld stelle eine Schenkung im Sinne von Paragraph 534 des *Bürgerlichen Gesetzbuches* dar, mit der einer »sittlichen Pflicht« oder dem »Anstand« Genüge getan wird (»Pflicht- oder Anstandsschenkung«),[250] erfasst abgesehen von der rechtlichen Fragwürdigkeit nicht den Kern dieser Art von Gabe. Trinkgeld ist keine situativ bedingte, kontingente Schenkung, sondern ein Ritual, dem sich der Einzelne nicht verweigert, weil er seine Position in der Gesellschaft nicht preisge-

248 Odo Marquard, *Freiheit und Pluralität*, in: O. M., *Skepsis in der Moderne. Philosophische Studien*, Stuttgart 2007, S. 109–123, hier S. 120f.

249 So aber der Erklärungsansatz von Azar (2004).

250 Siehe Anm. 13. Vgl. dazu Martinek (1993) S. 901 f.

ben will. Der Gabentausch zwischen Dienstpersonal und Gast oder Kunde folgt also einer inneren Rationalität oder zumindest Logik. Dabei inszenieren sich beide Seiten als Schenkende: das Dienstpersonal, das eben nicht Dienst nach Vorschrift macht, sondern Engagement und Freundlichkeit zeigt, und der Trinkgeldgeber, der sich mit der Gabe seiner eigenen Großzügigkeit versichert. Beide treten in eine Austauschbeziehung miteinander ein, die auf drei Säulen basiert: Vertrauen, Dankbarkeit und Anerkennung.

Vertrauen muss zwar nicht auf einer persönlichen, gar einer *Face-to-face*-Beziehung beruhen, wird aber dadurch gerade im Fall des Trinkgeldes erleichtert. Vertrauen heißt, dass vorausgesetzt wird, im Gegenüber einen verlässlichen Partner zu haben, der sich auch ohne Rechtstitel den Sitten und Pflichten nicht entziehen wird und der vor allem die Regeln des Tauschgeschäftes kennt.[251] Reise- und Benimm-Führer sorgen dafür, dass die Regeln nicht in Vergessenheit geraten – Vertrauen ist gut, Anleitung ist besser. Der Trinkgeldratgeber ist materialisiertes Misstrauen in die Verhaltenssicherheit der Beteiligten. Dankbarkeit ist die Basis für das Funktionieren der in jeder Gesellschaft erforderlichen Austauschbeziehungen, die auf verbindlichen Normen unterhalb der Rechtsebene beruhen. Das hat der Soziologe Georg Simmel schon 1908 beobachtet.[252] Auch die moderne »Zivilgesellschaft« kann darauf nicht verzichten. Ohne gegenseitige Anerkennung schließlich kann kein Austauschverhältnis funktionieren.[253] Im Trinkgeld zeigt sich das: Der Austausch findet unter der Prämisse grundsätzlicher Ungleichheit statt. Das Dienstpersonal einerseits und der Kunde beziehungsweise Gast andererseits sind in unterschiedlichen sozialen Klassen und Milieus angesie-

251 Zum Begriff des Vertrauens: Ute Frevert, »Vertrauen – eine historische Spurensuche«, in: *Vertrauen. Historische Annäherungen*, hrsg. von U. F., Göttingen 2003, S. 7–66.

252 Georg Simmel, *Soziologie. Untersuchungen über die Formen der Vergesellschaftung*, 2. Aufl., München/Leipzig 1922 [Erstausg. 1908], S. 443 f.

253 Vgl. den anerkennungstheoretischen Zugriff von Axel Honneth, *Kampf um Anerkennung. Zur moralischen Grammatik sozialer Konflikte*, Frankfurt a. M. 1992, Neuausg. 2003.

delt – »man tauscht Gaben, aber nicht den Platz«. Für ihr Tauschgeschäft müssen sie sich – auch wenn ihnen das nicht bewusst ist – in ihrer jeweiligen Rolle anerkennen; der Gabentausch garantiert Abstand. Die Gabe ist, so formuliert der französische Philosoph Paul Ricœur, »Unterpfand und Substitut« der Anerkennung.[254] Trinkgeldzahlung und Trinkgeldannahme sind also Abschluss einer unausgesprochenen Verhandlung über wechselseitige Achtung; sie besiegeln die Anerkennung. Die Zahlung bestätigt den Empfänger, wenn sie zum richtigen Zeitpunkt und in angemessener Form und Höhe erfolgt. Die Annahme des Trinkgeldes wiederum bestätigt dem Geber, dass er eine adäquate Gegengabe gefunden hat. Die Verweigerung der Annahme, wenn zum Beispiel das Trinkgeld als zu gering und damit als entwürdigend empfunden wird, stellt umgekehrt den Geber bloß – das erst recht, wenn sie als Abstrafung öffentlich vorgeführt wird. Dann hat der Geber versagt, der Gabentausch ist unterbrochen, nun wird auch sein Status durch die Zurückweisung angegriffen.

Trinkgeld ist also keineswegs ausschließlich von materiellem Wert, sondern stellt symbolisches Kapital dar. Im Trinkgeldgeben wird, wie man in Anknüpfung an den französischen Soziologen Pierre Bourdieu sagen könnte, ein sozialer Habitus vorgeführt, werden Attribute und Verhaltensweisen offenbart, die zur gesellschaftlichen Differenzierung und Einordnung beitragen.[255] Dabei geht es um Ehre, verstanden als Summe individueller Selbstdeutungen und gesellschaftlicher Erwartungen an den Einzelnen, als Schnittmenge von Selbstwertgefühl und Anerkennung. Die Bedeutung von Status und Prestige erklärt, warum sich Trinkgeld in der Moderne über Epochenschwellen, wirtschaftliche und soziale Zäsuren sowie politische Systemwechsel hinweg gehalten hat. Freilich ist die Trinkgeldsitte einem gesellschaftlichen Wandel unterworfen – abhängig vom Wandel des Ehrverständnisses, vom je spezifischen Verhältnis zwischen Individualität und Hochschät-

254 Paul Ricœur, *Wege der Anerkennung. Erkennen, Wiedererkennen, Anerkanntsein*, Frankfurt a. M. 2006, S. 319–325, Zitate S. 321, 324; vgl. Pielhoff (2007) S. 19.

255 Vgl. Bourdieu (1970) S. 62 f.; Bourdieu (2005) S. 149.

zung individueller Würde oder Ehre einerseits und kollektiver Ehre (des Standes, der Klasse, des Mannes, der Frau, der Nation, der »Volksgemeinschaft«) andererseits. Konflikte um die Trinkgeldfrage entstanden immer dann, wenn eine Gesellschaft sich im Umbruch befand, wenn sich Klassen bedroht fühlten, wenn hergebrachte Vorrechte nicht mehr selbstverständlich waren, wenn neue soziale Gruppen oder Klassen aufstiegen: so zum Beispiel im späten 19. Jahrhundert im Deutschen Kaiserreich, als das Bildungsbürgertum auf seinem längst bedrängten Status einer führenden Klasse beharrte und sich als Elite verstand, welche die Normen und Werte definierte, und in den Vereinigten Staaten von Amerika, als befreite Sklaven und neue Einwandererwellen Selbstverständnis und Identität der Nation erschütterten.

Rituale und Konflikte um das Trinkgeld folgen keinem oberflächlichen Utilitarismus. Trinkgeldpraktiken basieren auf Austausch, sind aber kein Geschäft. Das macht verständlich, warum der Fremde auch dort Trinkgeld gibt, wo er voraussichtlich nie wieder einkehren wird. Der Trinkgeldgeber muss sich bemühen, so folgert der amerikanische Ökonom Robert H. Frank, die innere Einstellung beizubehalten, die er benötigt, um sich auch in denjenigen Situationen wie selbstverständlich großzügig zu verhalten, in denen die Folgen der Trinkgeldverweigerung gravierender wären.[256] Mit anderen Worten: Er muss immer zur Trinkgeldzahlung bereit sein, weil er anderenfalls seine eigene Glaubwürdigkeit und Vertrauenswürdigkeit untergraben würde. Dies gilt umgekehrt ebenso für den Kellner. Auch der muss sich immer diensteifrig und freundlich zeigen, selbst wenn er schon ahnt, dass der Gast kein Trinkgeld geben will. Denn nur dann kann der Kellner seine Rolle als »Diener« glaubwürdig präsentieren, nur dann erscheint er nicht als egoistischer, auf den unmittelbaren Ertrag spekulierender Tagelöhner – mit letzterer Haltung würde er seine Trinkgeldhoffnungen auch gegenüber potentiell großzügigen Gästen gleich wieder begraben dürfen. Das Spiel funktioniert also nur, wenn beide Seiten ihre Rollen verinnerlicht haben.

256 Frank (1992) S. 25–27.

Dann allerdings wird Trinkgeld, wie Karl Kraus, aber auch Fürst Esterhazy und Upton Sinclairs Held Bates erkannten, zum Spiegel gesellschaftlicher Verhaltensmuster. Wem es um die eigene Anerkennung in der Gesellschaft zu tun ist, der darf seine Rolle auch nicht vorübergehend verlassen – und der Kellner, der des Nachts nach vollbrachter Arbeit mit seinen Trinkgeldeinnahmen Herrschaft spielt, fordert das System heraus. Trinkgeld erinnert daran, dass es jenseits materieller Tauschbeziehungen immaterielle Beziehungen gibt, die nach oft unausgesprochenen Regeln verlaufen. Trinkgeld erinnert zudem daran, dass selbst in der modernen, rationalen, scheinbar durch und durch materialistischen Gesellschaft neben dem Geld auch die Ehre von zentraler Bedeutung für die Positionierung des Einzelnen bleibt. Trinkgeldgeben ist ein materieller und zugleich ein symbolischer Akt, bei dem nicht nur die Tatsache der Zahlung selbst, sondern die Form der Handlung, ausgedrückt durch die Einbettung in den Kodex der Manieren, wichtig ist.[257] Daher ist besonders in einer so sehr auf das Materielle bezogenen Gesellschaft Trinkgeld unabdingbar, um Rang und Prestige auszuhandeln. Nur deshalb ist es auch möglich, dass ein nachlässig hingeschobenes Geldgeschenk geradezu erniedrigen kann. Und so lohnt es sich, genau hinzuschauen, wenn es heißt: »Der Rest ist für Sie!«

257 Siehe zum Zusammenhang auch Bourdieu (1970) S. 60–62.

Literaturhinweise

Adloff, Frank / Mau, Steffen (Hrsg.): Vom Geben und Nehmen. Zur Soziologie der Reziprozität. Frankfurt a. M. / New York 2005.

Albrecht, J.: Unser Standpunkt zur Trinkgeldfrage. Frankfurt a. M. 1883.

Amendt, Carl: Die arbeitsrechtliche Stellung des Kellners. Diss. Jena 1936.

Die Arbeitsverhältnisse in den Gast- und Schankwirtschaften nach den Berichten der deutschen Gewerbeaufsichtsbeamten für das Jahr 1928. Mit kritischen Bemerkungen hrsg. im Auftrage des Zentralverbandes der Hotel-, Restaurant- und Café-Angestellten von M[oritz] Richter. Berlin [1929].

Asserate, Asfa-Wossen: Manieren. 2. Aufl. München 2007. [Erstausg. 2003.]

Azar, Ofer H.: The History of Tipping. From Sixteenth-Century England to United States in the 1910s. In: The Journal of Socio-Economics 33 (2004) S. 745–764.

Bach, Jean-Louis: Étude d'un mode spécial de rémunération du Travail. Le Pourboire-Salaire. Diss. Paris 1910.

Bader, Ernst: Trinkgeld. Was und wie man gibt. Praktische Winke für Jedermann, besonders für Reisende, Touristen u. a., mit einigen wohlgemeinten Vorschlägen. Freiburg i. Br. / Leipzig [1914].

Bahn, Rudolf: Das Recht des Kellners. Diss. Bonn 1930.

Becker, Karl: Das Bedienungsgeld und das Trinkgeld des Kellners. Diss. Köln 1941.

Bodvarsson, Örn B. / Gibson, William A.: Economics and Restaurant Gratuities. Determining Tip Rates. In: American Journal of Economics and Sociology 56 (1997) H. 2. S. 187–203.

Bourdieu, Pierre: Entwurf einer Theorie der Praxis. Auf der ethnologischen Grundlage der kabylischen Gesellschaft. Frankfurt a. M. 1976.

– Die Ökonomie der symbolischen Güter. In: Vom Geben und Nehmen. Zur Soziologie der Reziprozität. Hrsg. von Frank Adloff und Steffen Mau. Frankfurt a. M. / New York 2005. S. 139–155.

– Zur Soziologie der symbolischen Formen. Frankfurt a. M. 1970.

Brenner, Mark L.: Tipping for Success! Secrets for How to Get In and Get Great Service. Sherman Oaks (Cal.) 2001.

Buomberger, Ferdinand: Kellnerinnenschutz und Kellnerinnenelend in der Schweiz. Ein Beitrag zur Frage der Gewerbegesetzgebung. In: Zeitschrift für christliche Sozialreform 38 (1916) S. 81–112.

Conlin, Michael [u. a.]: The Norm of Restaurant Tipping. In: Journal of Economic Behaviour and Organization 52 (2003) S. 297–321.

Crouch, R. A.: Tips. In: The Cornhill Magazine 154 (1936) S. 541–548.
Ebert, L. / Hoffmeyer, R.: Das Trinkgeld und die wirthschaftliche Lage der Kellner und Berufsgenossen. Eine Aufklärungs-, Agitations- und Antwortschrift zu der vom Pfarrer Schmidt herausgegebenen Broschüre: *Des Kellners Weh und Wohl.* Berlin 1892.
Foster, George M.: The Anatomy of Envy. A Study in Symbolic Behaviour. In: Current Anthropology 13 (1972) S. 165–202.
Frank, Robert H.: Die Strategie der Emotionen (Passions without Reason). München 1992.
Gambetta, Diego: What makes People Tip? Motivations and Predictions (Sociology Working Papers). Oxford 2006. http://www.sociology.ox.ac.uk/swps/2006–09.pdf.
Glücksmann, Robert: Fort mit dem Trinkgeld! Ein Mahnwort an die Unternehmer u. Gehilfen des deutschen Gastwirts-Gewerbes. Düsseldorf 1919.
– Hotelwesen. In: Handwörterbuch der Staatswissenschaften. Hrsg. von Ludwig Elster [u. a.]. 4., gänzl. umgearb. Aufl. Bd. 5. Jena 1923. S. 281–291.
Gräf, Holger Thomas / Pröve, Ralf: Wege ins Ungewisse. Reisen in der Frühen Neuzeit 1500–1800. Frankfurt a. M. 1997.
Guégen, Nicolas: The Effects of a Joke on Tipping When It Is Delivered at the Same Time as the Bill. In: Journal of Applied Social Psychology 32/9 (2002) S. 1955–1963.
– / Legohérel, Patrick: Effect on Tipping of Barman Drawing a Sun on the Bottom of Customer's Checks. In: Psychological Reports 87 (2000) S. 223–226.
Haas, Lina: Kellnerinnen-Elend. In: Die Zeit. Nationalsoziale Wochenschrift 2 (1902) S. 461–466.
Hachtmann, Rüdiger: Tourismus-Geschichte. Göttingen 2007.
Henning, A.: Denkschrift über das Kellnerinnen-Wesen. Berlin [1899].
Heyde, Ludwig: Die Trinkgeldablösung im Gastwirtsgewerbe. Auf Grund einer Erhebung der Gesellschaft für Soziale Reform. Jena 1914.
Hinsberg, Frieda: Rechtliche, wirtschaftliche und soziale Lage des weiblichen Bedienungspersonals in Gast- und Schankwirtschaften mit besonderer Berücksichtigung der württembergischen Verhältnisse. Diss. Tübingen 1923.
Holloway, J. Christopher: The Guided Tour. A Sociological Approach. In: Annals of Tourism Research 8/3 (1981) S. 377–402.
Jellinek, Camilla: Kellnerinnenelend. In: Archiv für Sozialwissenschaft und Sozialpolitik 24 (1907) S. 613–629.
Jhering, Rudolf von: Der Kampf um's Recht. Nachdr. der 18. Aufl. Wien

1913. Hrsg. von Felix Ermacora. Frankfurt a. M. / Berlin 1992. [Erstausg. Wien 1872.]
– Das Trinkgeld. In: Westermann's Illustrirte Deutsche Monatshefte 52/4 (1882) S. 83–100.
– Das Trinkgeld. 5., verm. Aufl. Braunschweig 1902. [Erstausg. 1882.]
Josef, Eugen: Hausknecht und Gast. In: Das Recht. Rundschau für den deutschen Juristenstand 11 (1907) Sp. 116–119.
– Kellnerin und Gast. In: Das Recht. Rundschau für den deutschen Juristenstand 9 (1905) S. 366–368.
Kleberg, Tönnes: In den Wirtshäusern und Weinstuben des antiken Rom. Berlin 1963.
Kleinpaul, Rudolf: Das Trinkgeld in Italien. Sprachlich, touristisch, volkswirtschaftlich. Leipzig 1898.
Kleinschmidt, Karl: Keine Angst vor guten Sitten. Ein Buch über die Art miteinander umzugehen. Berlin 1957. 3. Aufl. der neu bearb. Ausg. von 1961. Unter Mitarb. von Reimar Dänhardt. Berlin [1963].
Knigge, Adolph Freiherr: Über den Umgang mit Menschen. Hrsg. von Karl-Heinz Göttert. Stuttgart 2007 [u. ö.]. (Universal-Bibliothek. 1138.) [Erstausg. 1788.]
Die Konzessionierung des Schankbetriebes in Preußen. In: Jahrbuch für Gesetzgebung, Verwaltung und Volkswirtschaft im Deutschen Reich 14 (1890) S. 501–528.
Koselke, Bruno: Die Entlohnung des gastwirtschaftlichen Bedienungspersonals. Diss. Greifswald 1938.
Kruse, Heinrich Wilhelm: Über das Trinkgeld. In: Steuer und Wirtschaft 78 (2001) S. 366–371.
Lange, Reinhold: Das Trinkgeld. Diss. Jena 1913.
Lynn, Michael: Neuroticism and the Prevalence of Tipping. A Cross-country Study. In: Personality and Individual Differences 17/1 (1994) S. 137 f.
– Tipping Customs and Status Seeking: A Cross-country Study. In: International Journal of Hospitality Management 16/2 (1997) S. 221–224.
– Tipping in Restaurants and around the Globe. An Interdisciplinary Review. In: Handbook of Contemporary Behavioral Economics. Foundations and Developments. Hrsg. von Morris Altman. New York 2006. S. 626–643.
– / McCall, Michael: Gratitude and Gratuity. A Meta-analysis of Research and on the Service-Tipping Relationship. In: Journal of Socio-Economics 29 (2000) S. 203–214.
– / Thomas-Haysbert, Clorice: Ethnic Differences in Tipping: Evidence,

Explanations, and Implications. In: Journal of Applied Social Psychology 33/8 (2003) S. 1747–72.
– [u. a.]: Consumer Tipping. A Cross-country Study. In: Journal of Consumer Research 20 (1993) S. 478–488.
Martinek, Michael: Rudolf v. Jherings Kampf gegen das Trinkgeld. In: Festschrift für Joachim Gernhuber zum 70. Geburtstag. Hrsg. von Hermann Lange [u. a.]. Tübingen 1993. S. 879–903.
Mazoires, Pierre: Usage et évolution du pourboire. Essai de solution juridique dans notre droit moderne. Lyon 1931.
Mazuyer, René: Le pourboire. Diss. Marseille 1909.
– Le pourboire. Étude pratique. Historique, doctrine, législation, jurisprudence. Paris [1947].
Der neue große Knigge. Gutes Benehmen und richtige Umgangsformen. München 2004.
Oldenberg, Karl: Der Kellnerberuf und seine mögliche Reform. In: Jahrbuch für Gesetzgebung, Verwaltung und Volkswirtschaft im Deutschen Reich 17 (1893) S. 141–197.
Peter, Heinrich: Zur Lage der Kellnerinnen und Kellner im Großherzogtum Baden. Diss. Heidelberg 1907.
Pielhoff, Stephen: Stifter und Anstifter. Vermittler zwischen »Zivilgesellschaft«, Kommune und Staat im Kaiserreich. In: Geschichte und Gesellschaft 33 (2007) S. 10–45.
Poetzsch, Hugo: Trinkgeld und Lohn. In: Sozialistische Monatshefte 13/11 (1907) Bd. 1. H. 5. S. 383–390.
– (Bearb.): Geschichte des Zentralverbandes der Hotel-, Restaurant- und Caféangestellten. 2 Bde. Berlin 1928.
Pourboire. In: Pierre Larousse: Grand dictionnaire universel du XIXe siècle. Bd. 12. Paris [1872]. S. 1553 f.
Rauers, Friedrich: Kulturgeschichte der Gaststätte. 2 Tle. Berlin 1941.
Reverdy, Louis: Le pourboire. Sa nature juridique – son évolution. Les problèmes actuels qu'il soulève. Diss. Paris 1930.
Rheinreise 2002. Der Drachenfels als romantisches Reiseziel. Bonn 2002.
Schmidt, Hermann Friedrich: Kellners Weh und Wohl. 6., umgearb. Aufl. Berlin 1903. [Erstausg. 1891.]
[Schneidt, Karl Borromäus:] Das Kellnerinnen-Elend in Berlin [1893]. Hrsg. von Uwe Otto. Berlin 1991.
Segrave, Kerry: Tipping. An American Social History of Gratuities. Jefferson (NC) 1998.
Shamir, Boas: Between Gratitude and Gratuity: An Analysis of Tipping. In: Annals of Tourism Research 11 (1984) S. 59–78.

– A Note on Tipping and Employees Perceptions and Attitudes. In: Journal of Occupational Psychology 56 (1983) S. 255–259.
Simmel, Georg: Soziologie. Untersuchungen über die Formen der Vergesellschaftung. 2. Aufl. München/Leipzig 1922. [Erstausg. 1908.]
Spode, Hasso: Macht der Trunkenheit. Kultur- und Sozialgeschichte des Alkohols in Deutschland. Opladen 1993.
– (Hrsg.): Goldstrand und Teutonengrill. Kultur- und Sozialgeschichte des Tourismus in Deutschland 1945 bis 1989. Berlin 1996.
Tappe, Heinrich: Der Kampf gegen den Alkoholmißbrauch als Aufgabe bürgerlicher Mäßigkeitsbewegung und staatlich-kommunaler Verwaltung. In: Durchbruch zum modernen Massenkonsum. Lebensmittelmärkte und Lebensmittelqualität im Städtewachstum des Industriezeitalters. Hrsg. von Hans-Jürgen Teuteberg. Münster 1987. S. 189–235.
Trinckgeld. In: Johann Heinrich Zedler: Großes Vollständiges Universal-Lexikon. Bd. 45. [Leipzig/Halle 1745.] 2., vollst. photomechanischer Nachdr. Graz 1997. Sp. 803 f.
Trinkgeld. In: Deutsches Wörterbuch von Jacob und Wilhelm Grimm. Bd. 22. (= Bd. 11. Abt. I. Tl. 2.) Bearb. von der Arbeitsstelle des Deutschen Wörterbuches zu Berlin. Nachdr. der Erstausg. 1952. München 1991. Sp. 599–603.
Voltz, Joseph: Zur Trinkgeldfrage in Gasthäusern und Schankwirtschaften. Hrsg. von der Anti-Trinkgeld-Liga. Hamburg [1902].
Volz, Willi: Die Trinkgeldfrage im schweizerischen Gastwirtschaftsgewerbe. Rechtlich, sozialpolitisch. Diss. Bern 1954.
Weigert, Herbert: Bedienungsgeld und Trinkgeld. Diss. Mainz 1956.
Weißenfeld, Curt von: Der Moderne Knigge. Die Beherrschung des guten Tones in allen Lebenslagen / Gewandtes Auftreten / Beliebtheit durch gewinnende Umgangsformen. Vollständige Neufassung des altberühmten Buches Freiherrn von Knigges *Über den Umgang mit Menschen.* 13., durchges. und erw. Aufl. Berlin [1941].
Wight, Milan E.: Tipping Guide for Gratuitous Folks. An Anthology of Writers on the Subject of Tipping. Victoria (BC) 2006.
Wilke, Rudolf: Das Bedienungsgeld des Kellners. Diss. Königsberg 1938.
Wingenfeld, Josef: Die rechtliche Stellung des Kellners. Diss. Köln 1938.
Zur Trinkgeldfrage. Sonder-Abdruck aus dem Hamburgischen Correspondenten [20. Juli 1902]. Hamburg 1902.